KB109283

사르트르 참여문학론

차례
Contents

03베일에 가려진 부분 09문학을 통한 구원 26이중의 환원 39타 자에 의한 문학 47타자를 위한 문학 85앞으로의 연구를 위하여

베일에 가려진 부분

민주화가 주요 과제들 가운데 하나였던 지난 1960년대 초반부터 1980년대 중반까지의 우리 문학을 되돌아볼 때 한 가지 빠뜨릴 수 없는 점은 순수문학과 참여문학의 논쟁이 아닐까 한다. 이 논쟁은 후일 큰 소득이 없는 가짜 논쟁으로 판명이 나기는 했다. 하지만 이 논쟁과 20세기 프랑스를 대표하는 세계적 지성이었던 장 폴 사르트르Jean-Paul Sartre에 의해 주창된 참여(engagement)문학론이 직접 또는 간접적으로 연결되어 있다는 점은 부인할 수 없을 것 같다.

이 책에서 살펴보고자 하는 사르트르의 참여문학론은 1948년에 간행된 『상황Situations』1) 제2권에서 「문학이란 무엇인가 Qu'es-ce que la littérature?」라는 제목하에 전개되고 있는 문학론을 가리킨다. 이 문학론은 크게 다음과 같은 네 가지 이념을 기본으로 삼고 있다. 첫 번째 이념은 시詩와 산문의 구별이다. 이 문학론은 특히 산문을 근간으로 하는 소설에 무게 중심을 두고 있다. 두 번째 이념은 글을 쓴다는 것과 드러내기, 폭로하기, 변화에 대한 촉구 등이 같은 의미를 가지고 있다는 것이다. 세 번째 이념은 사회 변혁에 있어서 문학이 중요한 역할을 담당할 수 있다는 신념, 나아가서는 중요한 역할을 담당해야 한다는 당위성 그 자체이다. 네 번째 이념은 글쓰기가 지니고 있는 불온성不穩性, 즉 부정성(négativité)과 이의 제기(contestation) 그리고 추문화醜聞化시키기의 특성이다. 글쓰기가 갖는 이와 같은 특성으로 인해 작가는 지배 세력에 항상 해害를 끼치며, 따라서 이 세력과는 항상 적대 관계에 있을 수밖에 없다는 것이다.

하지만 사르트르는 1955년경 자서전적 소설 『말Les Mots』의 집필 구상과 더불어 문학이 갖는 사회 참여적 기능을 폐기처분하게 된다. 그 일례로 사르트르는 1964년 『말』의 출간 이후에 있었던 한 인터뷰를 통해 『구토La Nausée』가 아프리카 대륙에서 굶어 죽어가는 어린아이들에게 아무런 의미도 갖지 못한다는 사실을 비장하게 토로한 바 있다.2)

이처럼 우리와 멀리 떨어져 있는 프랑스에서 20세기 중반 사르트르에 의해 주창되었던 참여문학론은 그 이후 프랑스와 다른 나라들, 특히 제3세계에 속하는 나라들에서 서로 다른 운명을 맞게 된다. 문학의 탈참여(désengagement)를 내세운 누

보로망Nouveau Roman과 언어학, 인류학, 구조주의적 연구 방법 등으로 무장한 문학이론가들의 급부상으로 인해 이 문학론은 프랑스에서 1960년대 이후 급격하게 그 영향력을 상실하게 된다. 그러나 이와는 달리 이 문학론은 오히려 제3세계에 속하는 브라질, 아르헨티나 등과 같은 나라들에서 더 각광을 받게 된다.

사르트르의 참여문학론 수용이라는 입장에서 볼 때 우리나라도 예외는 아니었던 듯하다. 프랑스와 약 15~20여 년의 시차時差를 두고 우리에게 소개되었던 이 문학론은 1960년대 초반부터 1980년대 중반까지 약 20여 년 동안 우리 문학계에 상당한 영향을 미쳤던 것으로 보인다. 이렇게 해서 우리나라에서도 사르트르라는 이름을 접하면 곧 실존주의, 자유, 계약결혼 등의 단어와 더불어 참여문학이라는 단어를 떠올릴 정도가 되었다.

또한 그동안 이 문학론에 대한 국내 연구자들의 관심도 꾸준히 이어져 왔다고 할 수 있다.3) 게다가 이 문학론을 담고 있는 『문학이란 무엇인가』라는 제목의 단행본은 문학을 공부하려는 젊은이들 - 안타깝게도 지금 이들의 숫자는 그리 많지 않다! - 이 꼭 한 번은 읽어야 하는 이론서들 가운데 하나로 꼽히기도 한다. 여기에 더해 지난 세기 말에는 이 문학론의 전체 모습을 담고 있는 『문학이란 무엇인가』가 우리말로 완역되기도 하였다.4) 한마디로 사르트르의 참여문학론은 국내에 수용된 이후 끈질긴 생명력을 보여주고 있다 하겠다.

이와 같은 사실들은 사르트르의 참여문학론이 가지는 생명력의 근원이 어디에 있는지를 자문케 한다. 실제로 이 문학론에서 다루어지고 있는 시와 산문의 구별은 많은 논쟁을 야기했다. 특히 바르트R. Barthes와 리카르두J. Ricardou 등이 제기했던 주장, 즉 문학의 글쓰기는 어떤 메시지를 전달하는 '타동사'가 아니라 '자동사'라는 주장의 핵심에는 바로 사르트르의 시와 산문의 구별이 자리하고 있다. 또한 사르트르의 참여문학론에서 볼 수 있는 독자의 중요성에 대한 강조는 저자와 독자의 위상을 새롭게 평가하는 여러 문학이론들, 가령 독일의 이저W. Iser, 야우스H. R. Jauss 등에 의해 주창된 '수용미학'이나 바르트, 푸코M. Foucault, 에코U. Eco 등에 의한 '저자'와 '독자'의 이론에 커다란 영향을 준 것으로 여겨지고 있기도 하다. 아울러 골드만L. Goldmann과 루카치G. Luckás 등이 주창한 문학사회학, 그리고 들뢰즈G. Deleuze와 가타리F. Guattari에 의해 전개되었으며 후기산업사회에서 문학이 어떤 역할을 할 수 있는가를 예리하게 묻고 있는 소수문학(littérature mineure)론과 사르트르의 참여문학론 사이에도 상당한 유사점이 있는 것으로 보인다.

그러나 이 책에서 중점을 두고 살펴보고자 하는 내용은 무엇보다도 사르트르의 참여문학론 그 자체에 대한 이해라 할 수 있다. 물론 이 문학론이 주창된 때로부터 반세기 이상이 흐르는 동안 세계 여러 나라에서뿐만 아니라 우리나라에서도 이 문학론에 대한 괄목할 만한 많은 연구들이 이루어졌다. 심지어 이 연구들에 새로이 덧붙일 것이 거의 없다고 해도 과언이 아닐 정도이다. 그럼에도 이 책에서 우리가 이 문학론을 다시 거론하는 것은 아직도 베일에 싸인 채 드러나지 않은 여러 측면들이 이 문학론에 여전히 존재한다는, 확고하면서도 조심스러운 판단 때문이다.

가령 예술─글쓰기의 예술, 곧 문학─은 '타자에 의한 예술(art par autrui)'과 '타자를 위한 예술(art pour autrui)'─문학의 경우 '독자에 의한 문학'과 '독자를 위한 문학'─만이 존재한다는 사르트르의 견해, 작가의 글쓰기는 '호소(appel)' '증여(don)' '관용(générosité)' 등과 같은 개념들과 동의어라는 견해, 또한 읽기는 '관용의 실천(exercice de générosité)'이며, 작자와 독자의 관계는 '관용의 협약(pacte de générosité)'이라는 견해 등이 그것이다. 이 책에서 논의되는 내용 가운데 기존의 연구 내용과 차별화되는 것이 있다면, 그것은 바로 지금까지의 논의에서 거의 주목받지 못하고 있었던─또는 주목을 받았다고 하더라도 심도 있는 논의가 이루어지지 않았던─이와 같은 개념들에 입각한 사르트르의 참여문학론에 대한 이해가 될 것이다.

우리는 이와 같은 시도를 통해서 억압받는 자들을 위한다는 기치를 높이 들었던 참여 작가, 참여 지식인으로서의 사르트르가 주장한 참여문학론이 어쩌면 그의 문학에 대한 또 다른 견해, 즉 문학을 작가의 구원(salut)의 수단으로 보는 견해를 보충하는 데 불과한 부수적附隨的인 이론에 머무는 것일

수도 있다는 점을 지적하게 될 것이다. 그 과정에서 특히 다음과 같은 사실을 특히 강조하고자 한다. 즉, 과거 우리나라에서 문학의 사회 참여적 기능이 중요시되었을 때 과연 사르트르의 참여문학론에 대해 부여했던 의미가 참된 것이었는가에 대한 반성이 그것이다.

__ 일러두기

이 책에서 사르트르의 작품과 저서에 대해 다음과 같은 약어를 사용하였다.

CPM: 『도덕을 위한 노트*Cahiers pour une morale*』

EN: *L'Etre et le Néant*. 이 저서에서의 인용은 『존재와 무』(손우성 옮김, 삼성출판사, 세계사상전집39-40, 1982.)를 따랐고, 필요한 경우 수정하였음.

M: *Les Mots*. 이 작품에서의 인용은 『말』(김붕구·정명환 옮김, 민예사, 민예프랑스문학, 1994.)을 따랐고, 필요한 경우 수정하였음.

N: *La Nausée*. 이 작품에서의 인용은 『구토』 외(김희영 옮김, 주우 세계문학48, 주우, 1982.)를 따랐고, 필요한 경우 수정하였음.

SII: 『상황*Situations*』제2권. 이 저서에서의 인용은 『문학이란 무엇인가』(정명환 옮김, 민음사, 1998.)를 따랐고, 필요한 경우 수정하였음.

문학을 통한 구원

로캉탱의 꿈

사르트르의 참여문학론에 대한 논의의 첫 번째 단계로 『구토』의 중심인물인 로캉탱Roquentin의 경험에 입각해 제시되고 있는 '문학을 통한 구원救援'[5]의 문제를 살펴보고자 한다. 왜냐하면 사르트르에게 있어서 참여문학론과 문학을 통한 구원의 문제는 종이의 앞뒷면처럼 불가분의 관계에 있는 것으로 보이기 때문이다.

사르트르는 『말』에서 자신이 로캉탱이었다고 고백하고 있다. 따라서 문학을 통한 구원에 대한 로캉탱의 사유는 그대로 사르트르 자신의 것이라고 할 수 있다. 로캉탱은 『구토』의 끝

부분에서 그가 머물렀던 부빌Bouville이라는 도시를 떠나 파리 Paris로 가기 위해 기차를 기다리는 동안 역원驛員회관에서 한 흑인 여가수가 부르는 '머지않은 어느 날Some of these days'이라는 제목의 노래를 듣게 된다. 그러면서 로캉탱은 문학을 통한 구원의 가능성을 생각하게 된다.

물론 로캉탱이 파리행 기차를 기다리면서 이 노래를 처음 들은 것은 아니다. 그전에도 프랑스의 한 역사적 인물인 드 롤르봉de Rollebon 후작의 전기傳記를 쓰기 위해 부빌에 머물면서 역원회관에 가끔 들러 이 노래를 들은 적이 있었다. 사실 로캉탱은 이 노래를 들을 때마다 '구토'6) 상태에서 벗어난다는 느낌을 받았으며 또한 순간적이나마 행복한 감정을 맛보기도 했었다. 하지만 그때마다 로캉탱은 그 행복한 감정은 자신이 듣곤 하던 노래로부터 기인한다는 사실만 어렴풋이 짐작하는 정도였지 그 구체적인 이유에 대해서는 명확한 답을 가지고 있지 못했었다. 그러다가 부빌을 떠나면서 이 노래를 마지막으로 듣는 순간 로캉탱은 과거에 자신이 이 노래를 들으면서 느꼈던 행복한 감정의 정체를 알게 된다. 그리고 그 자신도 '소설'을 쓰겠다는 결심을 하게 된다.

파리행 기차를 기다리면서 '머지않은 어느 날'이라는 노래를 듣는 가운데 로캉탱은 우선 생면부지의 두 사람, 곧 이 노래를 작곡한 사람과 이 노래를 부른 흑인 여가수를 떠올리게 된다. 로캉탱은 이 노래를 작곡하고 부른 두 사람들, 다시 말해 이 노래에 질서를 부여한 자들, 이 노래를 구성하고 있는 여러 요소들을 일정한 법칙을 따라 배치한 사람들로 생각한 다. 요컨대 로캉탱은 이들을 그가 듣는 노래가 있기 위해서 반드시 필요한 사람들로 여기고 있는 것이다.

이와 관련하여 다음과 같은 두 가지 사실을 지적하자. 하나는, 사르트르의 사유 체계에서 어떤 사람이 무엇 또는 다른 사람에게 필요한 존재로 여겨지는 경우, 이 사람은 자기 존재의 우연성(contingence)으로부터 벗어난다는 점이다. 다시 말해 이 사람은 이유를 알 수 없이 그냥 이 세계에 내던져진 자신의 잉여존재에 존재 이유를 부여할 수 있게 되고, 따라서 그의 존재가 정당화된다는 점이다. 다른 하나는 사르트르의 사유 체계에서 인간의 '원죄原罪'는 누군가가 있는 이 세계에 이 인간이 우연히 출현한 사건 그 자체라는 점이다.

우리는 이 두 가지 사실로부터 출발해서 로캉탱이 파리행 기차를 기다리며 들은 노래 '머지않은 어느 날'의 작곡가와 이 노래를 부른 흑인 여가수를 이 노래에 필수불가결한 존재들, 곧 절대로 없어서는 안 될 그런 존재들로 여기게 된 것의 정확한 의미를 말할 수 있다. 그것은 바로 이들이 이 노래의 창작을 통해 존재의 우연성이라는 자신들의 원죄로부터 벗어났다는 것이다.

그녀가 노래한다. 바로 여기 구원받은 두 사람이 있다. 유태인과 흑인 여자. 구원받은 사람들, 이들은 아마 실존 속에 빠져 어쩌면 자신들이 완전히 파멸되었다고 느꼈을지 모른다. 하지만 아무도, 내가 이렇듯 다정하게 이들을 생각하는 것처럼 나를 생각해 줄 수는 없을 것이다. 아무도, 안니조차도. 이들은 나에게 어딘지 모르게 죽은 사람처럼, 소설의 주인공들처럼 보인다. 이들은 존재한다는 죄악으로부터 구원되었다. 물론 완전한 것은 아니다. 그러나 사람이 할 수 있는 만큼은 된다. 이 생각이 갑자기 나를 뒤흔들어 놓았다. 왜냐하면 나는 더 이상 이것을 기대조차 하지 않고 있었기 때문이다.(N: p.235)

로캉탱 또한 위의 경험에서 출발해서 자기 존재의 우연성으로부터 벗어날 수 있는 가능성을 생각하기에 이른다. 우선 로캉탱은 부빌을 떠나 파리로 가게 되면 '소설'을 쓰겠다는 결심을 하게 된다. 그러면서 마치 로캉탱 자신이 파리행 기차를 기다리며 '머지않은 어느 날'이라는 노래를 듣는 동안 이 노래의 작곡자와 이 노래를 부른 흑인 여가수를 생각하듯이, 그가 쓴 소설을 나중에 읽어 주는 사람들— 이들은 그의 작품의 '독자들'에 다름없다. 지금부터 이 독자들의 존재에 계속해서 유의하도록 하자— 의 존재 가능성을 생각하게 된다. 또한 이 독자들이 로캉탱 자신을 그가 쓴 소설에 일정한 질서를 부여한 사람, 이 소설의 모든 구성 요소들을 필연성의 법칙에 따라 배치한 사람 등으로 여길 것이라고 추론한다. 즉, '머지않은 어느 날'이라는 노래와 이 노래의 작곡가, 이 노래를 부른 흑인 여가수와의 관계에서 볼 수 있는 것과 마찬가지로, 로캉탱 역시 그가 쓴 소설과의 관계에서 절대로 없어서는 안 될 사람, 곧 필수 불가결한 사람으로 여겨질 수 있다는 것이다.

　　한 권의 책. 한 권의 소설. 이 소설을 읽고 이렇게 말하는 사람들이 있을 것이다. '이 책을 쓴 사람은 앙트완느 로캉탱이다. 그는 카페에서 얼쩡거리던 붉은색 머리카락을 가진 사내였다.' 그리고 그들은 마치 내가 이 흑인 여자의 삶에 대해 생각하듯 나의 삶에 대해 생각할 것이다. 귀중하고 거의 전설과 같은 그 어떤 것처럼. 한 권의 책.(N: p.236)

여기서 한 가지 주목해야 할 사실은 이처럼 로캉탱이 문학을 통한 구원의 가능성을 생각하는 가운데 '독자(들)' ‒ '이 소설을 읽고 이렇게 말하는 사람들' ‒ 의 필요성을 슬며시 내비치고 있는 점이다. 실제로 로캉탱이 '머지않은 어느 날'이라는 노래를 통해 이 노래의 작곡가와 이 노래를 부른 흑인 여가수가 구원받았다고 추론했을 때, 바로 그 자신이 이 노래를 들었기 때문에 이 추론이 가능했다는 사실을 잊지 말자. 그러니까 이 노래를 들은 로캉탱의 입장은 정확히 한 작가의 작품을 읽는 독자의 위치에 해당하는 것이다.

요컨대 사르트르가 로캉탱의 경험에 입각해서 제시하고 있는 '문학을 통한 구원'의 가능성은 다음과 같은 두 가지 조건에 좌우되는 것으로 보인다. 하나는 로캉탱 자신이 직접 문학 작품을 창작해야 하는 것이다. 이것은 당연하다. 왜냐하면 작품을 쓰지 않는다면 그의 문학을 통한 구원은 처음부터 아무런 의미를 가질 수 없기 때문이다. 다른 하나는 사람들, 즉 독자들이 이 작품을 반드시 읽어 주어야 한다는 것이다. 그렇지 않으면 로캉탱이 생각한 문학을 통한 구원에 차질이 생길지도 모를 일이다.

그런데 바로 여기에 한 가지 중요한 의문이 제기된다. 이 의문은 위의 두 번째 조건과 관련된 것으로, 사르트르가 로캉탱의 경험을 바탕으로 제시하고 있는 문학을 통한 구원에서 "왜 독자(들)의 존재가 반드시 전제되어야만 하는가."하는 의문이 그것이다. 이와 관련하여 한 가지 흥미로운 점은 사르트르의 참여문학론의 모습을 담고 있는 『문학이란 무엇인가』에서 이 독자(들)의 존재를 다시 만나게 된다는 사실이다.

하나의 질문

『문학이란 무엇인가』의 서론에 해당하는 짧은 글에서 사르트르는 자신이 왜 이 문제를 던지게 되었는지, 또 이 문제가 구체적으로 어떤 세부 문제들을 포함하고 있는지를 밝히고 있다. 1945년 10월에 간행된 「현대 *Les Temps modernes*」지誌의 창간사에서 사르트르가 주장했던 문학의 참여 기능을 강조한 대목은 당시 프랑스 좌·우 양 진영의 지식인들로부터 거센 반대를 불러 일으켰던 것으로 보인다.[7] 사르트르는 이에 대해 직접 응수를 할 필요성을 느꼈다.

얼마나 어리석은 객담들인가! 조급하게 읽고 잘못 읽고 또 미처 이해하기도 전에 판단하려 들기 때문이다. 그러니 이야기를 처음부터 다시 시작하자. 이런 일은 당신들에게도 나에게도 즐거운 일은 아니다. 그러나 되새길 수밖에는 없다. 그리고 비평가들이 문학이라는 말을 무슨 뜻으로 쓰는지 전혀 밝히지도 않고 문학의 이름으로 나를 단죄하는 이상, 그들에 대한 최상의 대답은 글쓰기의 예술을 편견 없이 검토해 보는 것이다. 쓴다는 것은 무엇인가? 왜 쓰는가? 누구를 위하여 쓰는가? 사실, 아무도 이런 물음을 스스로 제기해 본 적이 없었던 것 같다.(SII: p.10)[8]

사르트르는 문학에 대한 위의 세 질문에 그 나름대로 답을 하면서 이른바 참여문학론을 정립하고 있다. 이 책에서 우리는 이 세 질문 가운데 주로 두 번째, 세 번째 질문에 관련된 글인 「왜 쓰는가」와 「누구를 위해 쓰는가」를 집중적으로 살펴보고자 한다. 그것은 다음과 같은 두 가지 이유에서이다. 첫번째 이유는 「글을 쓴다는 것은 무엇인가」라는 글에서 주로 행해지고 있는 시와 산문의 구별 및 그 의의에 관해서는 이미 충분한 연구가 되어 있는 것으로 보이기 때문이다. 두 번째 이유는 사르트르의 참여문학론의 본령과 우리가 관심을 가지고 있는 문제들이 대부분 두 번째, 세 번째 질문에 관한 두 글에 나타나 있기 때문이다.

사르트르는 「글을 쓴다는 것은 무엇인가」라는 글에서 시와 산문을 구분하고 난 뒤 글쓰기를－여기서 논의의 대상이 되는 것은 산문가의 글쓰기이다－'행동의 특수한 한 계기' 그리고 '드러내기를 통한 행동'으로 정의하고 나서 다음과 같이 기술하고 있다.

> 우리는 뒤에서 문학의 목적이 무엇이 될 수 있을지 규정해 보려고 한다. 그러나 지금 당장이라도 이렇게 말할 수 있다. 즉, 작가란 세계와 특히 인간을 다른 사람들에게 드러내 보이기를 선택한 자인데, 그 목적은 이렇게 드러낸 대상 앞에서 그들이 전적全的인 책임을 지도록 하기 위한 것이다.(SII: p.33)

이 부분에서 우리가 주목하고자 하는 점은 작가를 규정하면서 사르트르가 '인간'(또는 사람)이라는 단어를 두 번에 걸쳐 사용하고 있다는 사실이다. 첫 번째로 사용된 '인간'은 작가 자신을 의미한다고 볼 수 있다. 왜냐하면 작가는 글쓰기를 통해 세계와 동시에 세계-내-존재(l'être-dans-le-monde)인 자기 자신을 드러낸다는 것이 사르트르의 견해이기 때문이다. 이것은 작가 자신이 자신의 글쓰기 소재가 된다는 것을 의미한다. 이것은 의심의 여지가 없다. 또한 위의 인용문에서 문제가 되고 있는 '인간'은 작가의 드러내기 대상으로서의 다른 인간(들)을 의미할 수도 있다. 왜냐하면 작가가 자신의 글쓰기를 통해 자기 아닌 다른 인간(들)을 드러내어 자기 작품의 소재로 삼는 것은 자연스러운 일이기 때문이다.

그런데 사르트르는 왜 작가의 글쓰기가 '다른 사람들에게'로 향해야 한다고 생각하는 것일까? 물론 사르트르의 사유 체계에서 언어는 본질적으로 타자를 전제로 하며, 또 타자에게로 향하는 행위로 이해된다. 다시 말해 '나'는 말하면서 항상 내가 말하는 것을 듣는 '타자'를 상정하고 있다. 연극 대사 가운데 방백이나 독백의 경우에도 여전히 관객의 존재를 전제로 하고 있는 것처럼 말이다.

그럼에도 위의 질문에서 문제가 되고 있는 타자들의 존재를 좀 더 자세히 살펴볼 필요가 있다. 왜냐하면 이 질문 속에 사르트르의 참여문학론에 접근할 수 있는 중요한 열쇠가 담겨 있는 것으로 보이기 때문이다.[9] 그리고 이 질문은 또한 앞에서 지적했던 문학을 통한 구원의 가능성을 결정하는 두 가지 조건 중 하나였던 '독자(들)의 존재'와도 밀접하게 관련이 있는 듯하다. 이 질문에 답을 하기 위해 우선 글쓰기의 동기를 살펴보도록 하자.

글쓰기의 동기

신神의 부재를 가정假定으로 내세우고 있는 사르트르의 사유 체계에서 인간은 처음부터 아무런 본질(essence)을 가지고 있지 않으며, 따라서 자기 스스로를 만들어가는 존재로 여겨진다. 이것이 그 유명한 "실존은 본질에 선행한다"라는 주장에 담긴 주된 의미이기도 하다. 따라서 사르트르가 이해하고 있는 인간은 살아가면서 수많은 가능성을 가지고서 자기 자신을 창조해나가는 존재이다. 아니 보다 근본적으로 사르트르는 인간을 '가능성(possibilité)의 존재'로 여기고 있다. 흔히 어린아이들 또는 젊은이들을 가능성의 덩어리라고 말하지 않는가! 게다가 사르트르는 한 인간의 '죽음'을 이 인간이 '자기 스스로를 변화시키는(se métamorphoser)' 능력을 완전히 박탈당한 상태로 규정하고 있기도 하다.

그런데 어떤 사람은 살아가면서 그 많은 가능한 행동 가운데 하필이면 '글쓰기'를 평생의 과업으로 삼아 작가가 된다. 왜 그럴까? 이 질문은 세상의 모든 작가에게 한 번쯤은 던져보고 싶은 그런 질문이다. 이미 작가가 된 사람에게도 분명 그이전에 작가가 되는 가능성 말고도 수많은 다른 가능성들이 있었을 것이다. 더군다나 다른 일을 하다가 작가가 된 사람들도 있을 것이다. 또한 작가가 된 사람들 각자에게도 그 나름대로의 이유가 있을 것이다. 어쩌면 이 세상에 존재하는 작가들의 수만큼이나 많은 이유가 있을지도 모를 일이다. 사르트르는 「왜 쓰는가」라는 글에서 이 문제를 다루고 있다. 하지만 작가들 하나하나의 경우를 따지지 않고 이들 모두에게 공통된 글쓰기의 이유를 밝히려 한다.

저마다 이유가 있다. 어떤 사람에게는 예술은 도피이며, 다른 사람에게는 정복征服의 수단이다. 그러나 꼭 도피를

하고자 한다면 은둔 생활로, 광기狂氣로, 죽음으로 할 수도 있고, 또 정복은 무기로도 할 수 있다. 그런데 왜 하필이면 꼭 글을 쓰겠다는 것이며, 글을 통해서 도피와 정복을 하겠다는 것인가? 그것은 작가들의 여러 목표의 배후에는 이들 모두에게 공통되는 어떤 더욱 깊고 더욱 직접적인 선택이 있기 때문이다. 우리는 이 선택이 무엇인지를 밝혀보려고 한다.(SII: p.57)

이어서 사르트르는 모든 작가들에게 공통으로 해당되는 글쓰기의 선택 이유를 이렇게 제시하고 있다.

예술적 창조의 주요 동기의 하나는 분명히 세계에 대해서 우리 자신의 존재가 본질적이라고 느끼려는 욕망이다. 내가 드러낸 들판이나 바다의 이 모습을, 이 얼굴의 표정을 나는 화폭에 옮기면서 또는 글로 옮기면서 고정固定시킨다. 나는 이 모습을 긴밀히 연결시키고 질서가 없던 곳에 질서를 만들고 사물의 다양성에 정신의 통일성을 부여한다. 그러면서 나는 이 모습을 만들어내는 것이라고 생각한다. 바꾸어 말하자면, 나는 나의 창조물에 대해서 스스로 본질적이라고 느낀다.(SII: p.59)

이 인용문에서 사르트르가 아주 어려운 용어를 사용해가면서 제시하고 있는 작가의 글쓰기 행위의 동기는 과연 무엇을 의미하는 것일까? 보다 구체적으로 작가가 자신의 창조에 대해서 '본질적'이라고 느낀다는 것은 어떤 의미가 있는 것일까? 이 문제와 더불어 우리는 사르트르의 참여문학론 한복판으로 들어서게 된다.

본질적인 것과 비본질적인 것

사르트르가 제시하고 있는 글쓰기의 동기를 보다 더 잘 이해하기 위해 그의 몇 가지 철학적 개념들을 살펴보자.[10] 우선 작가는 작가이기 이전에 '대자존재(l'être-pour-soi)'인 인간이라는 사실을 지적하자. 따라서 대자존재인 인간에게 적용되는 모든 것은 그대로 작가에게도 적용된다. 작가는 한 명의 인간으로 이 세계에 반드시 존재할 아무런 필연적인 이유도 갖지 못한 채 그저 거기에 우연히 있게 된 이른바 '잉여존재(l'être de trop)'이다. 왜냐하면 사르트르는 신의 부재를 자신의 학문적 가정으로 내세우고 있고, 따라서 인간을 포함한 모든 존재는 우연적 잉여존재이기 때문이다.

물론 인간을 제외한 나머지 모든 사물들, 즉 '즉자존재(l'être-en## -soi)' 역시 잉여존재이다. 하지만 인간만이 유일하게 자신의 잉여존재를 정당화시키기 위해, 다시 말해 자신의 존재의 근거를 마련하기 위해 노력한다. 사르트르는 인간의 이런 노력을 '대자-즉자(le pour-soi-en-soi)'의 결합(fusion) 상태를 실현하고자 하는 노력으로 보고 있다. 그런데 이 '대자-즉자'

의 결합은 '신의 존재 방식'이라는 것이 사르트르의 주장이다. 이처럼 사르트르가 이해하고 있는 인간은 결국 신이 되고자 하는 그런 존재인 셈이다.

인간은 '대자-즉자'의 결합 상태의 실현이라는 자신의 최종 목표를 실현하기 위해 사르트르가 이 세계를 구성하는 것으로 보고 있는 세 개의 존재 영역, 즉 즉자존재인 사물, 대자존재인 자기 자신, 그리고 '대타존재(l'être-pour-autrui)'를 구성하는 타자와 존재 관계를 맺는다. 그런데 대자존재는 의식(conscience)을 통해서 이처럼 자기를 포함한 다른 존재들과 관계를 맺는다. 사르트르는 이 과정을 독일 철학자이자 현상학의 창시자인 후설E. Husserl에게서 빌려온 개념인 '의식의 지향성(intentionnalité)' 개념 − "모든 의식은 항상 무엇인가에 관한 의식이다."라는 의식의 특징을 보여주는 개념 − 을 통해 설명하고 있다. 즉, 인간은 이 세계에 존재하는 세 존재 영역과 관계를 맺으면서 자신의 의식의 지향성을 발휘한다는 것이다. 또한 그렇게 함으로써 인간은 이 세계의 여러 존재에 대해 의미를 부여하게 된다. 이런 점을 고려하면 인간은 세계의 중심, 주인이자 만물의 영장임에 틀림없어 보인다. 그럼에도 인간은 죽는 순간까지 쉬지 않고 계속해서 자신의 의식의 지향성을 발휘해야만 하는, 또 그렇게 함으로써 자신의 존재 근거를 확보해야만 하는 상황에 처해 있다. 여기에 사르트르가 말하는 인간의 '실존의 고뇌(l'angoisse de l'existence)'가 자리한다.

이와 같은 사르트르의 사유를 통해 우리는 「왜 쓰는가」라는 글에서 그가 제시하고 있는 작가의 글쓰기를 결정하는 동기를 이해할 수 있는 단서를 잡을 수 있다. 그러니까 작가가 글쓰기를 하겠다고 결심하는 동기는 우선 그의 글쓰기를 통해 그 자신의 잉여존재를 정당화시킬 수 있는 길을 확보하려는 노력과 밀접하게 관련되어 있다. 사르트르는 한 인간이 작가가 되기 전에 한 명의 인간으로, 곧 대자존재의 자격으로 이 세계 속에 있는 여러 존재들을 선택하여 자신의 의식의 지향성을 발휘하면서 갖게 되는 실존의 고뇌를 이렇게 기술하고 있다.

우리들의 모든 지각에는 인간 실재가 무엇인가를 '드러낸다'는 의식이 수반되어 있다. (중략) 여러 '관계'를 수없이 많이 맺어 놓은 것은 바로 이 세계에의 현존재인 우리들이다. 이 나무와 이 하늘의 한 모퉁이 사이에 관계를 맺어놓은 것은 바로 우리들이다. (중략) 그러나 만약 우리가 존재의 발견자인 것을 알고 있다면 우리는 또한 그 제작자가 아니라는 사실도 알고 있다. (중략) 이리하여 우리가 '드러내는' 존재라고 하는 내적 확신에는 이 '드러난' 사물에 비해 우리는 본질적인 존재가 아니라는 신념이 부가된다.(SII: p.58)

여기서 사르트르가 강조하고 있는 것은 대자존재인 인간에 대해 즉자존재, 곧 사물이 갖는 '존재론적 우위(primauté ontologique)'이다. 물론 인간은 자신의 의식을 통해 이 세계에 존재하는 모든 것들에 대해 의미를 부여하는 존재이다. 이렇게 해서 인간은 '존재의 발견자'로 이 세계의 중심에 우뚝 서게 된다. 즉, 그는 만물의 영장으로서 모든 존재들의 '귀추중심(centre de référence)'을 형성하는 것이다. 하지만 그는 사물과는 달리 자기에게 결여缺如된 존재 근거를 확보하기 위해 죽을 때까지 노력해야 하는 그런 존재이다.

이와는 달리 사물은 인간의 의식이 있을 경우에만 비로소 어떤 의미를 가질 수 있을 뿐이라는 의미에서 사물은 인간에 비해 수동적이고 열등한 위치에 있기는 하다. 그러나 사물은 자기의 존재 근거를 자기 안에 담고 있어 인간과는 달리 실존의 고뇌苦惱를 전혀 알지 못한다. 다시 말해 사물은 인간에 비해 존재론적 입장에서 볼 때 훨씬 더 안락한 위치에 있는 것이다. 또한 유한한 존재인 인간이 이 세계에서 죽어 사라지는 경우에도 사물들은 그냥 거기에 남아 있게 된다. 물론 그렇다고 해서 이 사물들이 영원히 존재한다는 것은 아니다. 상대적으로 이 사물들이 인간보다 더 오래 이 세계에 존재할 수 있는 것이다. 이처럼 사물과 인간이라는 이 두 존재 영역 사이의 역설적인 모습이 위의 인용문에서 '드러내는(dévoilant)' 존재로서의 인간이 '드러난(dévoilé)' 존재인 이 세계에 대해 갖는 비본질성, 그리고 역으로 이 세계가 인간에 대해 갖는 본질성으로 설명되고 있다.

다시 사르트르가 제시하고 있는 글쓰기의 동기로 되돌아가 보자. 사르트르는 우선 작가 스스로 이 '세계'에 대해 본질적

인 것으로 느끼고 싶어 한다고 말하고 있다. 여기서 '본질적'
이라는 말은 '필수불가결한(indispensable)'이라는 말과 동의어
로 사용된 것으로 보인다.[11] 다시 말해 작가는 이 세계가 거기
에 있게끔 하는 데 결코 없어서는 안 될 그런 존재가 되고 싶
어 하는 것이다. 그러나 이것은 이루어질 수 없는 꿈에 불과하
다. 왜냐하면 이 세계는 작가에 의해 창조된 것이 아니기 때문
이다. 사르트르의 사유에 따르면, 이 세계는 작가나 신에 의해
창조된 것이 아니라 그저 거기에 우연히 존재하는 것으로 여
겨질 뿐이다. 따라서 작가는 이 세계의 창조자가 아니라 단지
이것의 '발견자', 즉 이 세계를 자기 의식의 지향성을 통해 드
러내고, 또 그렇게 함으로써 이 세계에 의미를 부여하는 자일
따름이다.

　그렇다면 이번에는 세계를 '드러내는' 자로서의 작가가 아
니라 세계를 드러내는 행위의 결과를 '문학 작품으로 형상화
시키는' 자로서의 작가를 생각해 보자. 이 경우 작가는 작품을
자기가 직접 만들어낸다는 의식을 갖게 되고, 또 이 작품과의
관계 속에서 작가 스스로가 본질적이라고 느낄 수 있다는 것
이 사르트르의 주장이다. 즉, 어떤 한 작품을 쓴 작가는 이 작
품이 이 세계에 출현하는 데 있어서 절대로 없어서는 안 될
그런 존재와 같은 위치에 있다는 것이다. 곧 작가와 작품의 관
계는 '조물주(démiurge)'와 피조물의 그것과 같다.

　게다가 앞에서 살펴본 대로, 사르트르의 사유 체계에서 내
가 어떤 것이나 누군가에게 필수불가결한 존재가 되는 것은

나의 존재가 정당화되는 것과 같은 것으로 여겨진다. 따라서 어떤 한 인간이 작가가 되기 위해 글쓰기 행위를 선택한 것은 바로 자기가 쓴 작품을 통해 자신의 존재 근거를 확보하고, 나아가서는 이 작품에 의지하여 자신의 존재를 정당화시키는 것을 목표로 하고 있는 것이다. 곧 자기가 창조한 작품을 통해 모든 인간의 바람인 '대자-즉자'의 결합, 즉 자기의 존재 이유를 자기 안에 담고 있는 '자기원인자(ens causa sui)'인 신神의 존재방식에 이르는 것이라고 하겠다.

이중의 환원

제1차 환원

    그렇다면 작가는 과연 자신의 글쓰기를 통해 그가 원하는 바, 즉 '대자-즉자'의 결합 상태를 실현할 수 있을까? 그럴 수 있다는 것이 사르트르의 생각이다. 사르트르는 이 물음에 긍정적인 답을 하기 위해 우선 창조(création)의 개념을 소유(possession)의 개념에 연결시키고 있다. 인간은 자신이 만들어 낸 존재에 대해 '특수한 소유권'을 갖는다는 것이다.

    만약 내가 한 폭의 그림, 한 편의 드라마, 한 곡의 멜로디를 창작한다면, 그것은 어떤 구체적인 현실 존재의 기원에 내가 존재하기 위해서이다. 그리고 또 내가 이 현실 존재에 흥미를 갖는 것은 오직 그것과 나 사이에 정립되는 창작의 관계가 나에게 이 현실 존재에 대해서 특수한 소유권을 부여할 때뿐이다.(EN:II[12]: p.402)

사르트르의 참여문학론을 잘 이해하기 위해서는 이제 이 소유의 개념에 주목해야 한다. 이 개념은 사르트르의 철학에서 '함(Faire)' '있음(Etre)'과 더불어 인간 실존의 '주요 세 범주範疇'를 형성하고 있는 '가짐(Avoir)'의 범주와 연결되어 있다. 또한 함의 범주는 일차적으로 가짐의 범주로 바뀔 수 있다는 것이 사르트르의 견해이다. 그는 이러한 변화를 '환원還元(réduction)'이라는 용어로 부르고 있다.

　그렇다고 하더라도 그것은 쉽사리 알 수 있는 일이지만, '함'의 욕망은 환원 불가능한 것이 아니다. 사람이 하나의 대상을 만드는 것은 이 대상과 어떤 관계를 유지하기 위함이다. 이 새로운 관계는 바로 '가짐'으로 환원될 수 있는 것이다.(EN:II: p.402)

사르트르는 학문 연구, 스포츠 또는 예술 등과 같은 분야에서는 함의 범주가 가짐의 범주에로 환원되는 현상이 잘 목격되지 않을 수도 있다고 보고 있다. 하지만 이 모든 경우에도 함의 범주는 궁극적으로 가짐의 범주에로 환원된다는 것이 그의 견해이다. 이것이 '제1차 환원'이다. 따라서 내가 문학 작품을 창조하는 경우에도 이 환원은 그대로 적용된다. 가령, 나의 글쓰기 행위는 분명 '함'의 범주에 속한다. 왜냐하면 이 행위를 통해 이 세계에 지금까지 존재하지 않았던 문학 작품이 나타나기 때문이다. 또한 함의 범주는 가짐의 범주로 환원되기 때문에, 문학 작품을 쓰는 나의 행위는 곧 내가 이 작품을 소유하는 것으로 환원되는 것이다. 그렇다면 이 환원의 의미는 무엇일까?

이 질문에 답을 하기 위해선 우선 다음과 같은 사실을 지적하자. 창조자인 나에 의해 창조된 대상(objet)은 두 가지 면모面貌(aspects)를 가지고 있다는 점이 그것이다. 첫 번째 면모는 바로 이 대상이 이것을 창조한 자인 '나' 자신이라는 것이다. 다시 말해 이 대상은 또 다른 나, 곧 나의 분신(alter ego)이다. 왜냐하면 나는 이 대상을 창조하는 과정에서 나의 주체성, 나의 자유, 나의 의식, 나의 사상, 나의 표지, 곧 나의 혼魂 등 나와 관계된 모든 것을 거기에 쏟아 붓기 때문이다. 흔히 작가나 화가는 각각 자기가 쓴 작품이나 그린 그림을 세상에 내보낼 때 자기 '자식'을 내보낸다고 말하지 않는가! 이런 의미에서 작가가 쓴 작품은 바로 작가 그 자신으로 볼 수 있는 것이다. 이것이 바로 작품이 갖는 '대자적 면모'이다.

창조자인 나에 의해 창조된 대상이 갖는 두 번째 면모는 창조자인 나와 이 대상은 완전히 독립된 존재들이며, 심지어는 서로 아무런 관계를 갖지 않는 존재들이라는 점이다. 가령 내가 쓴 소설은, 비록 내가 이 소설로부터 완전히 눈을 돌려도 또는 내가 이 소설 옆에 없어도 — 예를 들어 서점에서 판매되고 있는 '나'의 소설을 생각해보자 — 여전히 나와 동떨어져 존재한다. 그러니까 이 작품은 하나의 사물로서 완전히 나의 외부에 존재한다는 것이다. 이것이 바로 작품이 갖는 '즉자적 면모'이다.

제2차 환원

앞에서 우리는 어떤 행위의 주체로서 내가 무엇인가를 행하는 것은 그 결과로 이 세계에 출현하게 되는 어떤 대상을 소유하기 위함이라는 점을 지적하였다. 곧 함의 범주는 가짐의 범주에로 환원된다. 이것이 제1차 환원이었다. 그러면 함의 범주는 가짐의 범주에로 환원되는 것으로만 그치는 것일까?

사르트르 자신도 이 문제를 제기하고 있다. 그는 이 물음에 대해 '소유'라는 것이 일반적으로 어떤 의미를 가지고 있는가를 고찰함으로써 답하고 있다. 인간이 보통 어떤 대상을 소유하는 것은 이 대상과 '내적 존재 관계(lien interne d'être)'를 맺는다는 것이 사르트르의 생각이다. 가령 갑甲이 소유하고 있는 어떤 물건을 을乙이 탈취했다고 가정해보자. 이 경우 을은 갑이 이 물건과 맺었던 내적 존재 관계에 타격을 준다고 사르트르는 지적하고 있다.

소유된다는 것은 '~의 것이 된다(être à)'는 것을 의미한다. (중략) 소유의 관계는 내적 존재 관계이다. 나는 소유자가 소유하고 있는 대상 속에서, 그리고 이 대상에 의해서 그 소유자를 만난다.(EN:II: p.418)

사르트르는 어떤 한 대상과 이것을 소유하는 자 사이에 맺어지는 이와 같은 내적 존재 관계를 설명하기 위해 다음과 같은 흥미로운 한 예를 들고 있다. 죽은 사람과 함께 이 사람이 살아 있는 동안에 소장했던 물건들을 함께 매장하는 옛날 풍습의 예가 그것이다. 가령 이집트나 중국 등과 같은 나라에서 왕이 죽게 되면 장례를 치르는 과정에서 이 왕이 살아 있는 동안 소유했던 노예들, 금은보화들, 일용품들을 같이 매장하는 것이 관례였다. 사르트르에 따르면 죽은 사람이 생전에 사용했던 일용품들을 빼고 매장하는 것은 "이 사람의 다리 하나를 빼고서 매장하는 것과도 같다."(EN:II: p.417)는 것이다.

이처럼 어떤 한 물건이 어떤 사람의 소유가 되는 것은 바로 이 사람의 정신, 곧 그의 혼이 이 물건에 달라붙는다(possédé)는 것을 의미한다고 할 수 있다. 가령 불어에서는 '소유'를 의미하는 'possession'이라는 단어가 '귀신 붙음'의 의미로도 쓰인다. 예를 들어 도스토예프스키의 작품 『악령』의 불어 제목도 'Les Possédés'이다. 요컨대 인간은 그 자신이 소유하고 있는 여러 물건들을 통해 자신의 존재를 표현하는 것이다.

논의를 더 앞으로 밀고 나가기 전에 사르트르에게서 소유의 개념은 대자존재의 존재 결여에 그 기원이 있다는 사실을 지적하자. 다시 말해 인간은 자신의 존재가 충족되지 않은 상태로 있기 때문에 무엇인가를 소유하려 한다는 것이다. 반면 완전히 자기 충족적인 상태에 있는 즉자존재는 다른 존재와 관계를 맺을 수 없으며, 따라서 다른 존재를 소유할 수가 없다. 이처럼 소유의 개념은 오직 대자존재인 인간에게만 나타난다. 또한 인간은 소유를 통해, 보다 더 구체적으로는 자기가 소유하는 대상과의 내적 존재 관계를 통해 자신의 존재를 강화하는 것이다.

> 소유한다(posséder)는 것은 소유의 표지 아래, 소유되는 대상과 하나가 되는 것이다. (중략) 이리하여 어떤 하나의 대상을 욕구한다는 것은 단순히 이 대상만을 욕구하는 것이 아니다. 그것은 어떤 내재적인 관계에 의해서, 다시 말해서 이 대상과 함께 '소유자-소유 대상'이라고 하는 일체—體를 구성하는 방식으로 이 대상과 하나가 되고자 하는 것이다.(EN:II: p.419)

이 대목에서 우리는 다음과 같은 두 가지 사실을 알 수 있다. 하나는 '가짐'의 범주도 다른 범주, 즉 '있음'의 범주에로 환원된다는 점이다. 이것이 곧 사르트르가 말하고 있는 '제2차 환원'이다. 다른 하나는 그 결과 사람은 "그가 소유하는 것으로 존재한다"는 점이다. 사르트르는 이렇게 말하고 있다.

"만년필, 파이프, 의복, 책상, 집 등은 '나'이다. 내가 소유하는 것 전체는 나의 존재 전체를 반영한다. 나는 내가 '소유하는' 것, 바로 그것이다."(EN:II: p.422) 따라서 인간에게 있어서는 "많이 소유하면 소유할수록 그만큼 더 존재한다"는 논리가 성립하는 것이다.

이와 같은 논리는 일상생활의 저변에 폭넓게 깔려 있다. 가령 아이들끼리 나누는 이야기 속에서 가끔 들을 수 있는 "야, 너네 아파트 몇 평이야?" "야, 너네 차는 무슨 차야?" 등의 표현은 이미 가짐의 범주에서 있음의 범주에로의 환원을 포함하고 있다고 할 수 있다. 또한 우리가 경계하면서도 어쩔 수 없이 따라가게 되는 천민자본주의를 관통하고 있는 여러 사고방식들 가운데 하나가 바로 이 두 번째의 환원인 것이다. 자신의 인격의 수양에는 별다른 관심이 없고 오직 자신이 소유하는 것을 통해서만 자신의 존재를 강화하고 또 과시하려는 인간에서 볼 수 있는 전형적인 사고방식이 바로 그것이다.

글쓰기를 통한 '대자 – 즉자' 결합의 실현

우리가 사르트르의 참여문학론에 대한 논의에서 문제 삼고 있는 것은 작가가 글쓰기를 선택하여 '대자-즉자'의 결합을 이루어가는 과정이다. 우선, 내가 작가로서 한 편의 문학 작품을 쓰는 것은 이 작품의 창조자로서 이것을 소유하기 위함이다. 그리고 가짐의 범주는 있음의 범주에로 환원되기 때문에,

나는 내가 쓴 작품을 소유함으로써 '대자-즉자'의 결합을 실현하면서 이 작품에 의지해 본질적이라는 것을 느끼고자 하는 것이다. 과연 내가 이 상태에 도달하는 것이 가능할까? 앞에서 사르트르가 이 물음에 대해 긍정적으로 답을 하고 있다는 사실을 지적한 바 있다. 그런데 이 답 속에는 정말로 기묘한 논리의 곡예가 감춰져 있는 것으로 보인다. 도대체 어떤 논리의 곡예일까?

이 문제에 답을 하기 위해 내가 손수 만든 어떤 한 대상을 내가 직접 소유하는 경우 구체적으로 어떤 현상이 발생하는가를 살펴보도록 하자. 여기에 답을 미리 하자면 나는 이 경우 다음의 두 가지 가운데 하나의 상태만을 실현할 수 있을 뿐이다. 하나는 '대자-대자(le pour-soi-pour-soi)'의 결합이고, 다른 하나는 '대자-즉자(le pour-soi-en-soi)'의 결합이다. 내가 창조한 대상이 두 가지 서로 다른 면모를 가지고 있다는 사실은 이미 앞에서 지적한 바 있다. 내가 만든 대상은 나 자신임과 동시에 나 자신과는 완전히 동떨어진 순수한 사물이라는 점, 즉 이 대상의 '대자적 면모'와 '즉자적 면모'가 그것이다. 따라서 내가 만든 대상을 내가 직접 소유하는 경우 나는 이 '나(moi)'이자 동시에 '비아非我(non-moi)'의 두 면모를 가지고 있는 대상과 소유 관계를 맺게 되는 것이다.(EN:II: p.420)

이 복잡한 관계를 좀 더 면밀히 들여다볼 필요가 있다. 왜냐하면 바로 이 관계 속에 사르트르로 하여금 문학을 통한 구원의 가능성을 믿게끔 한 기본 메커니즘이 나타나 있기 때문이다. 이 메커니즘을 잘 이해하기 위해 여전히 의식의 지향성 개념에 의지하도록 하자. 사르트르의 사유 체계에서 모든 의식은 항상 '무엇인가'에 관한 의식으로 있어야 하기 때문에, 나는 내 의식의 지향성 구조를 채우는 과정에서 내가 직접 창조한 대상을 그 '무엇인가'의 하나로 선택할 수 있는 가능성은 항상 존재한다고 할 수 있다. 그런데 이 대상은 이중의 면모를 가지고 있다는 사실에 유의하자. 그러니까 이 대상은 나의 주체성을 담고 있는 존재— 이것이 이 대상의 대자적 면모이다—임과 동시에 나와는 완전히 독립된 또 다른 하나의 사물— 이것이 이 대상의 즉자적 면모이다— 이기도 하다.

따라서 내가 창조한 대상을 나의 의식의 지향성 구조를 채우기 위한 그 '무엇인가'로 선택할 경우 나는 다음과 같은 두 가지 상태를 실현하게 된다. 우선 나는 나의 의식을 통해 나 자신, 곧 나의 '대자'만을 만날 수 있을 뿐이다. 다시 말해, 나는 이 경우에 '대자-대자'의 결합만을 실현할 수 있을 뿐이다. 이것은 어쩔 수 없는 현상이다. 왜냐하면 나는 내가 만든 대상 속에 나에 관계된 모든 것, 곧 나 자신을 쏟아 부었고, 따라서 이 대상은 곧 나의 '대자' 이외의 다른 것이 아니기 때문이다. 나는 또한 나의 의식을 통해 내가 직접 만들기는 했지만 나 자신과는 아무런 관계가 없는 즉자존재의 특징을 가지고 있는 한 대상을 만나게 된다. 왜냐하면 이 대상은 나와는 완전한 외면적 관계를 유지하고 있기 때문, 다시 말해 이 대상은 내가 이 세계 속에서 그야말로 우연히 만나게 되는 즉자존재로서의 모든 특징을 가지고 있기 때문이다.

위의 두 경우에 있어서 나는 오직 두 번째 경우에서만 어떤 대상을 창조하고, 또 이 대상을 소유하면서 내가 바랐던 바, 즉 '대자-즉자'의 결합을 실현할 수 있다. 그러니까 나는 '소유하는 자-소유되는 것'의 한 쌍 속에서 '대자'의 자격으로 나에 의해 창조된 대상이 갖는 '즉자'의 면모와 결합할 수 있게 되는 것이다. 이것이 바로 내가 만들어낸 대상을 내가 소유한다는 행위에 내포된 의미이다.

존재 근거의 확보

그런데 여기서 한 가지 유의할 점은 내가 창조한 대상이 갖는 즉자의 면모는 보통 사물이 갖는 즉자의 면모와는 완전히 다르다는 사실이다. 내가 보통 이 세계에서 만나게 되는 다른 사물 존재들은 그야말로 우연적인 즉자존재들이다. 하지만 이와는 달리 내가 창조한 대상은 바로 '나' 자신에 의해 창조된 즉자존재인 것이다. 이 대상·즉자존재를 이 세계에 오게 한 것이 다름 아닌 바로 '나'이다. 바로 이런 의미에서 나는 이 대상·즉자존재의 출현을 그 '기원(origine)'에서부터 보증하고 있는 것이다. 그러니까 내가 없으면 이 대상·즉자존재는 이 세계에 나타날 수가 없는 것이다. 요컨대 나는 곧 이 대상·즉자존재의 '존재 이유(raison d'être)'라는 것이 사르트르의 주장이다.

소유한다는 것, 그것은 '나를 위해 갖는다'는 것이다. 다시 말하자면 대상 존재의 본래 목적이 되는 일이다. 소유가 온전하게 그리고 구체적으로 이루어지는 경우에 소유하는 자는 소유되는 대상의 '존재 이유'이다.(EN:II: p.420)

따라서 내가 창조해낸 대상을 내가 직접 소유할 때 나는 이 대상을 통해 '나의 존재 근거(mon fondement d'être)'를 갖게 된다. 왜냐하면 나에 의해 존재 이유가 부여된, 다시 말해 나에 의해 근거지어진 하나의 대상·즉자존재를 내가 직접 소유하기 때문이다. 그리고 이 대상·즉자존재에 비춰보며 나는 이유를 알 수 없는 내 자신의 잉여존재를 정당화시키는 것이다. 왜냐하면 나는 이 대상·즉자존재의 입장에서 보면 이것을 만들어낸 존재, 따라서 이것의 존재에 있어서 절대로 없어서는 안 될 필수불가결한 존재가 되기 때문이다. 요컨대 나는 이 대상·즉자존재에 대해 '본질적'이라고 느끼게 되는 것이다.

이런 이유에서 사르트르는 소유의 개념을 '마술魔術(magie)'과 같은 개념으로 규정하고 있다. 또한 이 개념에서 중요한 항목은 바로 '소유 대상'이라고 말하고 있다.(EN:II: p.424) 왜냐하면 이 대상은 이중의 면모, 곧 대자적 면모와 즉자적 면모를 동시에 지니고 있기 때문이다. 어쨌든 여기서 한 가지 분명하게 드러나는 것은 창조를 통해 어떤 대상을 창조하고, 이 창조된 대상을 소유하면서 나는 '대자-즉자'의 결합을 일단 충족시킬 수 있다는 점이다.

이리하여 나는 내가 나에 대해 무관심한 것으로서, 그리고 즉자로서 존재하는 한도에서 나의 근거이다. 그런데 이것이 바로 즉자-대자의 기도 그 자체이다. (중략) 소유하는 대자와 소유되는 즉자의 이 한 쌍은, 자기 자신을 스스로 소유하기 위해 있는 존재, 그것의 소유가 자기 자신의 창작인 존재, 다시 말해 신의 존재와 맞먹는 것이다. 이렇게 하여 소유하는 자는 자기의 즉자존재, 자기의 외부 존재를 향유하는 것을 목표로 한다.(EN:II: p.424)

문학을 통한 구원의 의미

이처럼 일반적인 창조에 적용되는 모든 사실들은 그대로 문학 창작에도 적용된다. 글쓰기 행위를 통해 이 세계에 오게 되는 문학 작품의 소유에서 문제가 되는 것은 이중의 환원, 곧 함의 범주에서 가짐의 범주에로의 환원과 가짐의 범주에서 있음의 범주에로의 환원, 그리고 이를 통한 이 행위의 주체인 작가인 나의 '대자-즉자'의 결합 상태의 실현인 것이다. 이 상태를 실현하면서 나는 잉여존재인 나의 존재에 근거를 부여하고 또 그렇게 함으로써 나의 존재를 정당화하게 된다. 다시 말해 나는 내가 소유하는 작품을 이 세계에 존재하게끔 하는데 절대로 필요한 자, 즉 이 작품에 비해 본질적인 존재라고 느끼게 되는 것이다. 바로 이것이 로캉탱의 경험을 통해 사르트르가 제시했던 '문학을 통한 구원'의 의미라고 할 수 있다.[13]

우리는 사르트르의 참여문학론을 이해하기 위해 작가의 글쓰기 동기에서 출발하였고, 이 동기를 이해하는 과정에서 다음과 같은 두 가지 사실을 확인할 수 있었다. 첫 번째 사실은 작가로 하여금 글쓰기를 선택하게끔 하는 주요 동기는 바로 글쓰기를 통하여 이 행위의 주체가 자신의 '대자-즉자'의 결합을 실현함으로써 그 자신의 존재의 우연성에서 벗어날 수 있다는 가능성과 관련되어 있다는 것이다. 두 번째 사실은 이를 위해 작가는 자신이 창작한 작품을 소유하면서 이것이 갖는 즉자존재로서의 측면과 내적 존재 관계를 맺음으로써 거기에 도달할 수 있다는 점이다. 그리고 이 두 과정을 연결시키기 위해 사르트르는 이중의 환원, 즉 함의 범주가 가짐의 범주에로 환원되는 것과 가짐의 범주가 있음의 범주에로 환원된다는 사실에 기대고 있다.

그러나 작가는 과연 사르트르가 제시한 과정을 거쳐 그가 소망하는 바를 실현할 수 있을까? 『구토』에서 로캉탱이 꿈꾸었던 글쓰기를 통한 구원은 그가 바라는 대로 아무런 문제없이 이루어질 것인가? 우리는 지금 현재 이 문제에 답을 할 수 있는 아무런 수단도 가지고 있지 않다. 우리는 또한 지금까지 앞에서 제시했던 하나의 질문, 즉 "왜 작가의 글쓰기는 다른 사람(들)에게로 향해야 하는가?"라는 질문에 대해서도 아무런 답을 하지 못한 채 여기까지 끌고 왔다.

타자^{에 의한 문학}

불가능한 구원

만약 인간이 자신의 창조, 더 정확하게는 실존의 세 범주인 함, 가짐, 있음 사이에 일어나는 이중의 환원을 통해 '대자-즉자'의 결합을 실현할 수 있다면, 사르트르는 『존재와 무』에서 인간을 '무용한 정열(passion inutile)'로 규정하지 않았을 것이다. 실제로 사르트르는 '대자-즉자'의 결합을 실현하려는 인간의 모든 노력이 모두 '실패'로 돌아갈 수밖에 없다는 의미에서 인간을 이처럼 규정했던 것이다. 이 사실은 역으로 작가의 글쓰기를 통한 구원이 가능하지 않을 수도 있다는 점을 짐작케 한다. 따라서 중요한 것은 작가의 구원 가능성을 위협하는 요소들이 무엇인지, 또한 사르트르가 이 요소들을 어떻게 극복해나가는지를 알아보는 일이 될 것이다.

앞에서 보았듯이, 작가로 하여금 그가 창조한 작품을 소유하면서 그 자신의 존재 근거를 확보하는 것을 가능케 해주었던 것은 바로 이 작품이 가지고 있던 즉자로서의 면모, 곧 객체적 면모였다. 그런데 여기서 한 가지 꼭 지적하고 넘어가야 할 사항은, 이미 여러 번 반복했지만, 이 작품이 즉자와는 전혀 다른 대자적 면모 또한 가지고 있다는 점이다. 즉, 이 작품은 이것을 창조해낸 작가 자신이기도 하다. 따라서 작가가 자신이 창조해낸 작품을 직접 소유할 때, 이 작가가 '대자-즉자'의 결합 대신 '대자-대자'의 결합을 실현할 가능성도 배제할 수가 없는 것이다. 이것은 문학을 통한 작가의 구원 가능성 자체가 실패로 끝날 위험에 처할 수도 있다는 것을 의미한다. 다시 말해 자기가 창조한 작품에 비해 본질적이라고 느끼고자 했던 작가의 글쓰기 기도企圖 자체가 실패로 끝날 수도 있는 것이다.

사르트르는 이와 관련하여 그림에 입문한 한 풋내기 화가의 예를 들고 있다. 이 예를 통해 사르트르가 보여주고자 하는 것은 이 화가가 그린 그림이 여간해서 화가 자신에게는 다른 화가가 그린 그림처럼 보일 수가 없다는 점이다. 다시 말해 이 화가의 눈에는 자신이 그린 그림이 순수한 다른 사물과 같은 것으로 보이기가 어렵다는 것이다. 이 화가가 자신의 그림에서 보는 것은 항상 대자, 곧 자기 자신일 따름이다. 그러므로 그가 그린 그림을 보면서 거기에 객체적 차원, 곧 즉자적 면모를 부여하는 것은 불가능하다는 것이다.

어느 풋내기 화가가 스승에게 이렇게 물었다. "언제 제 그림이 완성되었다고 생각해야 할까요?" 그러자 스승은 대답했다. "네가 네 그림을 바라보고 스스로 놀라서 '내가 이 것을 그렸다니!'하고 말할 때이다." 이것은 결코 그럴 수 없다는 것과 같은 말이다. (중략) 그러나 우리 자신이 제작의 규칙이나 척도나 규준을 만들고, 우리의 창조적 충동이 우리의 가장 깊은 가슴속으로부터 솟아오르는 경우에 우리의 작품에서 찾아볼 수 있는 것은 우리 자신일 따름이다. 화폭이나 종이 위에서 얻은 결과가 우리의 눈에는 결코 '객체적'으로 보이지 않는다. 그런 결과를 낳은 수법을 너무나 잘 알고 있기 때문이다. 이 수법은 끝끝내 주체적인 발견일 따름이다. 이것은 우리 자신이며 우리의 영감이며 우리의 계략이다. 그리고 자신의 작품을 '지각하려고' 애쓸 때라도, 우리는 이것을 또다시 만들어내는 작업을 머릿속에서 반복할 따름이며, 작품의 모습 하나하나가 모두 결과로밖에는 보이지 않는 것이다.(SII: pp.59-60)

그러나 자신의 작품에 객체적 측면, 곧 즉자적 면모를 부여하는 것, 이것은 작가에게 있어서는 이 작품을 소유하면서 '대자-즉자'의 결합을 실현시켜가는 과정에 있어서 절대로 없어서는 안 될 필수불가결한 조건이다. 이 조건을 충족시키지 못하는 한 그는 절대로 '대자-즉자'의 결합을 실현할 수 없는 것이다. 작가는 자신이 창조한 작품을 소유하면서 자신의 존재 이유를 확보하려 한다. 하지만 자신의 작품이 갖는 객체적 면모의 결여로 인해 '대자-즉자'의 결합에 필요한 '즉자' 부분을 확보하지 못하게 되는 것이다. 왜냐하면 이 작품은 작가 그 자신의 분신이기 때문이다. 그러면 이처럼 글쓰기를 통한 자신의 구원을 위한 시도가 실패로 끝날 수도 있는 상황에서 작가는 어떻게 처신하게 될까? 절망하고 낙담해서 펜을 놓아버릴 것인가? 아니면 다른 길을 찾으려고 노력할 것인가? 바로 여기에 '글쓰기 행위'와 '읽기 행위'의 결합의 필요성이 나타나게 된다.

글쓰기와 읽기의 결합

사르트르는 문학 작품을 '팽이'에 비교하고 있다. 계속해서 맞아야만 팽이가 서있을 수 있는 것처럼 문학 작품 역시 읽기 행위라고 하는 글쓰기 행위와는 전혀 다른 행위에 의해서 지탱될 때만 존립할 수 있다는 것이다. 그리고 이 글쓰기 행위가 읽기 행위에 의해 지탱되지 못할 경우 문학 작품은 단지 '종이 위에 박힌 검은 흔적'일 뿐이라는 것이 사르트르의 주장이다.(SII: p.61) 이 단계에서 우리는 사르트르의 참여문학론에서 읽기 행위가 매우 중요한 역할을 맡고 있다는 사실을 예측할 수 있다.

우선 독자의 읽기 행위는 빛에 필름film이 자동으로 반응하는 것과 같은 단순한 '기계적 작용'이 아니라고 사르트르는 보고 있다. 이것은 읽기 행위가 책장을 넘기는 단순 행위가 아니라는 것을 의미한다. 읽기 행위는 이 행위의 주체인 독자의 '바라봄'을 동반하는 행위, 곧 그의 '시선(regard)'이 뒤따르는 행위이다. 그런데 사르트르에게서 이 시선이라는 개념은 이 시선 주체가 자신의 시선 끝에 와 닿는 모든 것을 객체로 사로잡을 수 있는 '힘(puissance)'으로 규정된다. 그리고 시선이 가지고 있는 이와 같은 힘은 곧 이 시선 주체의 주체성과 같은 것이다. 따라서 독자의 읽기 행위는 바로 작가에 의해 창조된 작품을 바라봄으로써 이 작품 속에 독자 자신의 주체성을 '흘려 넣는(couler)' 행위로 규정된다. 독자는 그렇게 하면서 이 작품을 객체화시키는 것이다.

> 타자가 나의 책 속에 그 자신의 주체성을 흘려 넣을 때, 다시 말해 나의 책을 재창조[14]할 때 나의 책은 나에게 있어서 그것의 객체성 속에 존재하게 된다. 타자의 평가라는 시각 속에서 내가 나의 책을 다시 읽을 때 나는 그 책 속에서 어떤 깊이를 발견하게 된다. 이 깊이는 나 자신을 위해서 내가 이 책 속에 절대로 불어넣을 수 없었던 그런 깊이이다.(CPM: p.135)

그리고 독자가 이처럼 작가에 의해 창조된 작품을 객체화시키려면 독자 자신은 자유, 초월, 주체성의 상태에 있어야 한다. 왜냐하면 인간의 자유란 다른 사람의 자유에 의해서만 제한될 수 있다고 보는 것이 사르트르의 주장이기 때문이다. 따라서 읽기 행위는 이 행위의 주체인 독자의 자유롭고도 독립적이며 주체적인 행위이고, 비로 이 행위를 통해 그는 작가의 작품에 객체적 측면, 곧 즉자적 면모를 부여하는 것이다.

그러나 또한 작품은 타자에 의해 인정되고 그 가치가 평가되어야만 한다. 작품은 실제로 타자에 의해 그리고 타자를 위해 이루어진다. 타자의 협력은, 비록 그것이 이 작품의 완전한 외면성을 부여하는 것일지라도 필수불가결한 것이다. 그런데 타자는 예측 불가능한 자유이다.(CPM: p.128)

또한 독자가 자신의 읽기 행위를 통해 작가에 의해 창조된 작품에 객체적이고 즉자적인 면모를 부여할 수 있기 위해서는 이 작품을 창조한 작가와 이것을 읽는 독자는 서로 "다른 사람이어야 한다"는 것이 사르트르의 주장이다. 작가가 추구하는 글쓰기를 통한 구원의 실패는 결국 그가 자신의 작품 속에서 자기 자신만을 발견하여 '대자-즉자'의 결합 대신 '대자-대자'의 결합만을 실현하는 데 있었다는 사실을 상기하자. 사르트르에 의하면 작가가 자신의 작품과 맺는 관계는 구두장이가 직접 만든 구두와 맺는 관계와 그 성질이 다르다. 구두장이는 자기가 만든 구두가 자기 발 치수에 맞는다면 이 구두를 신을 수 있다. 이와 마찬가지로 집을 짓는 건축가도 자기가 지은 집에서 아무런 문제없이 살 수 있다. 왜냐하면 구두장이나 건축가는 자신들이 각각 만든 구두나 집을 다른 사람들이 지은 것처럼 이용할 수가 있기 때문이다. 다시 말해 이들은 각각 구두나 집을 객체화시킬 수 있는 것이다. 그러나 작가는 자신의 작품을 읽으면서 그 안에서 자기 자신만을 발견할 뿐이다. 여기에서 문학 작품의 객체적 측면이 나타나기 위해서는 이 작품을 창조한 작가와 이 작품을 읽는 독자가 절대로 같은 사람이어서는 안 된다는 필연성이 나타나게 된다.

쓴다는 작업은 그 변증법적 상관자로 읽는다는 작업을 함축하는 것이며, 이 두 가지 연관된 행위는 서로 다른 두 행위자를 요청한다. 정신의 작품이라는 구체적이며 상상적인 대상을 출현시키는 것은 작가와 독자의 결합된 노력이다.(SII: pp.63-64)

우리는 이제 사르트르에 의해 제시된 '문학을 통한 구원'의 과정에서 왜 읽기 행위의 주체인 독자의 존재가 절대적으로 요청되는가, 다시 말해 왜 작가의 글쓰기는 '다른 사람들에게로' 향해야만 하는가를 말할 수 있다. 작가는 자신의 창조 행위의 결과로 이 세계에 나타나게 된 문학 작품을 통해 '대자-즉자'의 결합 상태를 실현하고, 이를 바탕으로 자신의 잉여존재를 정당화시키려고 한다. 하지만 작가가 자신의 작품을 소유하는 경우 그는 '대자-즉자'의 결합 대신에 '대자-대자'의 결합만을 실현할 수 있을 뿐이다. 이것은 글쓰기를 통한 작가의 구원이 실패로 돌아가는 것을 의미한다.

이와 같은 절망적 상황에서 작가는 독자의 도움을 받아야만 한다. 독자의 읽기 행위는 작가에 의해 창조된 작품에 객체적이고 즉자적인 면모를 부여하는 행위이다. 왜냐하면 읽기 행위의 주체인 독자는 작가에 의해 창조된 작품을 읽으면서 이 작품에 독자 자신의 주체성을 흘려 넣기 때문이다. 이 경우에야 비로소 작가는 독자에 의해 주어진 자기 자신의 작품이 갖는 객체적 측면, 곧 즉자적 면모를 통해 자신의 최후의 목표인 '대자-즉자'의 결합 상태를 실현할 수 있게 되는 것이다.

이렇게 되면 결국 작가에 의해 창조된 문학 작품은 이 작품을 읽는 독자의 주체성이 거기에 더해져야만 완성될 수 있다는 뜻이 된다. 이런 의미에서 사르트르는 문학 작품을 작가와 독자의 '상호주체성의 발산(émanation de l'intersubjectivité)'[15]으로 규정하고 있다. 다시 말해 작자와 독자는 각각 자신들의 주체성을 하나의 작품 속에 불어 넣음으로써 공동으로 '작품(Œuvre)'을 만들어내는 것이다. 바로 여기에 사르트르의 참여문학론을 지탱하는 커다란 두 개의 축 가운데 하나가 자리한다. '타자에 의한 예술'의 축이 바로 그것이다. 문학 작품의 경우에 이 축은 '독자에 의한 문학'으로 해석될 수 있다.

타자를 위한 문학

독자를 위하여

앞에서 독자의 존재는 작가의 문학을 통한 구원뿐만 아니라 사르트르의 참여문학론에 있어서 필수불가결한 존재라는 사실을 살펴보았다. 그런데 이처럼 중요한 지위를 차지하고 있는 독자가 작가에 의해 창조된 작품에 객체적 측면, 그러니까 즉자적 면모를 부여한다는 것은 무엇을 의미하는 것일까?

이 문제에 답을 하기 위해 다음의 두 가지 사실을 지적하자. 첫 번째 사실은 읽기 행위의 주체인 독자도 작가와 마찬가지로 인간이라는 점이다. 이 사실은 독자 역시 잉여존재이며, 따라서 그도 또한 살아가면서 자신의 존재 근거를 확보하고 '대자-즉자'의 결합 상태를 추구하는 존재, 곧 신神이고자 하는 존재라는 것을 의미한다.

두 번째 사실은 작가에게 있어서 글쓰기 행위는 첫째가는 중요한 행위인 반면 독자에게 있어서 읽기 행위는 이차적이며 부수적인 행위라는 점이다. 즉, 독자가 살아가면서 작가의 작품을 읽고 안 읽고는 전적으로 독자의 자유에 달려 있는 것이다. 또한 작가는 독자에게 어떤 경우에도 자기가 쓴 작품을 읽도록 강요할 수 없다. 하지만 반대로 작가에게 있어서 독자는 절대 없어서는 안 될 그런 존재이다.

따라서 작가는 독자로 하여금 언제나 자신의 문학을 통한 구원의 메커니즘에 참여하도록 하는 합당한 조치를 취해 주어야만 하는 상황에 처하게 된다. 바로 이 조치가 '타자에 의한 예술' – 문학의 경우 '독자에 의한 문학' – 과 더불어 사르트르의 참여문학론을 지탱하는 두 개의 주요 축 가운데 하나인 '타자를 위한 예술' – 문학의 경우 '독자를 위한 문학' – 과 밀접하게 관련되어 있는 것으로 보인다.

하나의 창조 행위로서의 읽기

앞에서 인간의 존재론적 조건은 이 인간에 의해 의미를 부여받는 존재인 즉자존재의 본질성과 이 즉자존재에 의미를 부여하는 주체인 인간 자신의 비본질성에 의해 특징지어진다는 사실을 지적하였다. 그런데 독자 역시 다른 모든 인간이 겪는 실존의 고뇌를 겪는 주체이다. 따라서 독자도 언제, 어느 상황에서나 자신의 의식의 지향성을 발휘해야만 하는 상황에 처해 있다. 다시 말해 독자 역시 이 세계에서 '무엇인가'를 선택하여 자신의 의식의 지향성 구조를 완성해야 하는 것이다. 그러나 독자의 입장에서는 자신의 의식의 지향성을 발휘하는 과정에서 그 '무엇인가'를 어떤 작가가 창조해낸 작품을 선택하여 읽는 방법으로 정하든, 아니면 보통의 다른 사물을 선택하는 방법으로 정하든 간에 아무런 차이가 없다. 왜냐하면 독자에게 있어서는 작가를 포함한 다른 모든 사람들의 창조의 결과물과 보통의 다른 사물들은 그야말로 그가 이 세계에서 우연히 만나게 되는 똑같은 즉자존재들이기 때문이다.

중요한 것은 따라서 독자의 태도이다. 독자는 작가의 소망, 즉 그의 작품을 읽어줌으로써 이 작품에 객체적 측면을 부여해주기를 바라는 소망과는 달리 언제든지 이 작품으로부터 눈을 돌릴 수 있다. 아니 보다 더 근본적으로 독자에게는 작가에 의해 창조된 작품을 전혀 거들떠보지도 않을 수 있는 권리와 가능성이 항상 존재한다. 왜냐하면 독자에게 있어서 작가의 작품은 다른 즉자존재들과 하등의 다를 바 없는, 살아가면서 그야말로 우연히 만나게 되는 존재이기 때문이다. 따라서 독자가 작가의 작품을 읽게 되면 이 작품에 비해 자신의 존재가 비본질적이라고 느끼게 되는 것이다. 단, 문제는 이처럼 불만족스런 상황에서도 독자가 작가의 작품을 계속해서 읽어줄 것인가 하는 것이다.

하지만 사르트르는 작가의 작품을 읽는 독자에게 몇 가지 혜택을 부여함으로써 이와 같은 독자의 불만족을 해소시키고 있다. 우선 독자는 작가에 의해 절대적으로 필요한 존재로 요청된다는 점이다. 한 인간이 어떤 대상이나 다른 누군가에게 절대적으로 필요하다는 것은 곧 그 인간의 존재가 정당화된다는 것이 사르트르의 생각이라는 점을 앞에서 지적한 바 있다. 그런데 독자는 이제 작가의 '글쓰기 통한 구원'의 메커니즘에서 이 작가가 창조한 작품에 객체적이고 즉자적인 면모를 부여해달라는 절대적인 요청을 받게 되는 것이다. 이것이 바로 사르트르가 읽기 행위의 주체인 독자에게 주고 있는 첫 번째 혜택이다. 두 번째 혜택은 독자의 읽기 행위 역시 작가의 글쓰기 행위와 마찬가지로 '창조 행위'라는 점이다.

> 따라서 책에 나열된 수천 개의 낱말들을 하나하나 모두 읽는다 해도 작품의 의의意義(sens)[16]가 나타난다는 보장은 없다. 의의는 낱말들의 총화가 아니라 이것의 유기적인 전체이다. 독자가 처음부터 단번에 그리고 거의 어떤 도움도 받지 않고 이 침묵의 단계에 올라서지 못한다면 아무것도 이루어지지 않는다. (중략) 그리고 이 작업을 재발명이나 발견이라고 부르는 것이 차라리 마땅하지 않겠느냐고 말하는 사람이 있다면, 나는 우선 이와 같은 재발명이 최초의 발명과 똑같이 새롭고 독창적이라고 말하겠다.(SII: p.65)

이처럼 사르트르는 독자의 읽기 행위를 작가의 글쓰기 행위와 마찬가지로 새롭고도 독창적인 창조 행위로 보고 있다. 그럼에도 사르트르는 글쓰기·창조와 읽기·창조를 엄격히 구별하고 있다. 글쓰기·창조는 이 행위의 주체인 작가가 그를 안내하는 그 어떤 가치 체계에도 의존하지 않는, 완전히 자유로운 상태에서 이루어진다. 왜냐하면 사르트르의 사유 체계는 신의 부정, 즉 초월적 가치 체계의 부정 위에 정초되어 있기 때문이다. 이에 반해 독자의 읽기·창조는 이 행위에 앞서 이루어진 작가의 글쓰기·창조의 결과물, 곧 작품에 의해 인도된다. 다시 말해 독자는 작가의 작품을 읽으면서 안심하고 작가의 뒤를 따라갈 수 있는 것이다. 이러한 의미에서 사르트르는 읽기를 '인도된 창조(création dirigée)'라고 규정하고 있다. 우리는 방금 독자는 자신의 읽기 행위에서 작가의 작품에 의해 인도된다고 했다. 그런데 이 작품은 작가 자신의 분신이다. 따라서 결국 독자를 안내하는 것은 작가 자신인 셈이다.

이 모든 것은 결코 미리부터 주어져 있는 것이 아니라, 독자 스스로가 씌어진 것을 부단히 초월하면서 발명해나가야 하는 것이다. 하기야 작가가 독자를 인도할 것이다. 그러나 작가의 인도는 몇몇 푯말을 세워놓는 것에 불과하고 그 사이에는 빈 터가 깔려 있다. 따라서 이 푯말들을 따라가고 또 그 너머로 나아가야 하는 것이다. 한마디로 읽기란 인도된 창조이다.(SII: p.66)

작가의 작품이 갖는 의의

이처럼 독자의 읽기 행위 역시 창조이기 때문에, 만약 그가 자신의 창조물을 통해 자신의 본질성을 느끼려고 한다면, 그 역시 작가가 그랬던 것처럼 이 결과물의 객체적 측면, 곧 즉자적인 면모를 확보해야 한다. 그래야만 독자는 이것을 통해 '대자-즉자'의 결합상태를 실현할 수 있게 된다. 과연 독자는 이와 같은 상태를 문제없이 실현할 수 있는가? 이 질문에 대한 사르트르의 대답은 긍정적이다. 독자가 그 자신의 읽기 행위를 통해 나타나는 결과물에 대한 객체적이고 즉자적인 면모는 이미 작가에 의해 부여되어 있다는 것이 사르트르의 생각이다. 왜 그럴까?

이 질문에 답을 하기 위해서는 독자의 읽기 행위에 의해 나타나는 결과물이 무엇인지를 살펴보아야 한다. 미리 답을 하자면, 이 결과물은 독자가 자신의 읽기 행위를 통해 작가의 작품에서 끌어내는 '의의'로 보인다. 그런데 이 의의는 이미 작가가 작품에 쏟아 부은 것과 연관이 있다. 보다 더 정확하게 말하자면 이 의의는 작가 자신의 혼, 사상, 세계관, 주체성 등, 곧 그 자신과 관련되어 있는 것이다. 한마디로 의의는 작가의 의도(intention)와 불가분의 관계를 맺고 있다. 따라서 독자가 자신의 읽기 행위를 통해 이 세계에 나타나게끔 한 결과물의 객체적 측면은 이미 작가에 의해 주어져 있다고 할 수 있다. 왜냐하면 독자가 작가의 작품에서 어떤 의의를 퍼낸다고 하더라도 그것은 이미 작가에 의해 이 작품 속에 담겨져 있었던 것이기 때문이다. 다시 말해 독자의 읽기 행위라는 정신 활동의 근거를 이루는 것이 바로 작가의 의도이다. 따라서 독자는 작가의 작품을 읽고 이 결과물을 통해, 더 정확하게는 이 결과물을 소유함으로써 '대자-즉자'의 결합 상태를 실현하면서 그 자신의 존재의 우연성에서 벗어날 수 있게 되는 것이다.

이것이 바로 사르트르가 읽기 행위의 주체인 독자에게 부여하고 있는 세 번째 혜택이다. 다만 한 가지 문제는 남는다. 독자는 과연 작가가 그 자신의 작품에 쏟아 부은 의도를 완벽하게 다 파악할 수 있는가 하는 것이 그것이다. 어쨌든 사르트르는 독자의 읽기 행위를 드러내는 행위와 창조 행위의 종합으로 규정하고 있다.

과연 읽기는 지각과 창조의 종합처럼 여겨진다. 읽기는 주체의 본질성과 대상의 본질성을 동시에 상정한다. 대상이 본질적인 이유는, 그것이 엄밀히 초월적이며 그 자체의 구조를 강요하고 독자는 그것을 기다리고 지켜보아야 하기 때문이다. 주체 또한 본질적인 이유는, 대상을 드러내기 위해서(다시 말해서 대상이 여기에 있게 하기 위해서)뿐만 아니라, 또 대상이 절대적으로 존재하기 위해서(다시 말해서 그것을 만들어내기 위해서) 주체가 요청되기 때문이다. 한마디로 독자는 동시에 드러내고 창조하고, 창조하면서 드러내며, 드러냄을 통하여 창조한다는 것을 의식한다.(SII: p.64)

이 부분에서 우리는 작가의 작품에 독자가 부여하는 객체적 측면이 정확하게 무엇인지를 말할 수 있다. 그것은 독자가 작가의 작품을 읽으면서 그것으로부터 끌어내는 의의에 다름 아니다. 그리고 이 의의는 작가의 주체성, 그의 사상, 그의 표지, 그의 지식 등에 의해 제한된다. 따라서 독자가 자신의 읽기 행위를 통해 작가의 작품에 객체적, 즉자적 면모를 부여한다는 것은 궁극적으로 작가의 대자존재(이것은 작품의 한 측면이다)를 즉자존재(이것은 독자 자신이 그 작품을 읽으면서 포착해낸 의의와 일치한다)로 변형시킨다는 것을 의미한다.

따라서 작가가 자신의 글쓰기를 통해 '대자-즉자'의 결합에 도달할 수 있는가의 여부는 전적으로 독자가 그의 작품을 읽으면서 캐내는 의의에 달려 있다고 할 수 있다. 보다 더 구체적으로 말하자면 작가 입장에서의 '글쓰기를 통한 구원'은 정확하게 독자가 작가의 의도를 100% 캐낼 수 있는가의 여부와 직결되어 있는 것으로 보인다. 만약 독자가 자신의 능력을 십분 발휘하여 작가가 작품에 불어 넣은 모든 의도를 캐낼 수 있다면, 그때는 작가뿐만 아니라 독자 역시 '대자-즉자'의 결합을 이룩하고, 그 결과 작가와 독자의 이중의 구원을 실현할 수 있는 것으로 보인다. 최소한 이론적으로는 그러하다. 물론 이와 반대되는 경우에 특히 독자는 작가의 작품이 가지고 있는 의의를 한 치의 오차도 없이 드러내기 위해 모든 노력을 경주해야 할 것이다. 그렇지 않으면 독자는 작가의 작품이 갖는 객체적 면모를 100% 제공해줄 수 없을 것이며, 그 여파로 작가 역시 글쓰기를 통한 자신의 구원에서 실패를 맛보게 될 것이기 때문이다.

독자의 책임

그런데 독자는 과연 작가가 쓴 작품의 의의를 완벽하게 포착할 수 있을까? 이 문제에 대한 사르트르의 대답은 부정적이다. 사르트르에 따르면 우선 "문학이란 대상은 독자의 주체성 이외에는 다른 어떤 실체도 갖지 않는다."(SII: p.66) 그러니까 작가의 작품은 독자가 자신의 읽기 행위를 통해서 부여하는 객체적인 면모, 곧 즉자적인 면모만큼만 존재하는 것이다. 또한 독자가 자신의 읽기 행위에서 작가의 안내를 받으면서 안심하고 앞으로 나아갈 수 있기는 하다. 그러나 그렇다고 해서 독자가 작가의 의도를 쉽게 파악해낼 수 있는 것은 아니라는 것이 사르트르의 견해이다. 사르트르는 작가의 작품이란 항상 독자가 도달하기 어려운 곳에 위치해 있다고 보고 있다.[17]

그렇기 때문에 독자에게는 모든 것이 새로 만들어져야 하는 동시에 이미 만들어져 있다. 작품은 바로 그의 능력 여하에 따라서만 존재할 따름이다. 독자가 읽고 창조하는 동안 그는 더 멀리 읽어나갈 수 있고 더 깊이 창조할 수 있으리라는 것을 안다. 그리고 바로 그런 까닭에 작품은 사물들처럼 무궁무진하고 불투명하게 보인다.(SII: p.67)

우리는 앞에서 작가에 의해 창조된 작품의 객체적이고 즉자적인 면모를 나타나게끔 하기 위해 작가가 독자에게 세 가지 혜택을 주었다는 점을 지적하였다. 독자 자신의 존재의 정당화, 그의 읽기·창조에서 작가의 안내, 그의 읽기·창조의 결과물이 가져야 할 객체적이고 즉자적인 면모의 보증 등이 그것이었다. 그런데 이제 작가는 이 세 가지 혜택에 대한 대가로 독자로 하여금 그의 작품의 의의를 끝까지 퍼내 줄 것을 요구 ―이 요구의 의미는 곧 살펴보게 될 것이다― 한다는 것이다. 왜냐하면 독자가 작가의 작품에서 퍼내는 의의가 100％에 가까우면 가까울수록 그만큼 더 작가의 존재 근거가 강화되기 때문이다.

독자는 이 요구를 받아들일 것인가? 더군다나 읽기 행위는 인도된 창조라는 사실에 유의하자. 이것은 결국 독자의 행동과 자유는 항상 작가의 작품에 의해 제한되며, 나아가서는 거기에 종속된다는 것을 의미한다. 독자는 과연 작가와 맺는 관계, 보다 더 정확하게는 작가가 쓴 작품과의 관계에서 이와 같은 자신의 열등 상태를 받아들일 것인가? 결단코 그렇지 않을 것이다. 왜냐하면 독자에게 있어서 읽기 행위는 부차적이며 우연적이기까지 한 행위이기 때문이다. 게다가 독자가 작가와의 관계에서 조금이라도 만족스럽지 못한 경우 그가 읽기 행위를 그만둘 수 있는 가능성은 언제든지 있는 것이다.

바로 거기에 작가의 고민이 자리한다. 그도 그럴 것이 독자의 도움 없이 작가는 절대로 글쓰기를 통한 구원을 달성할 수 없기 때문이다. 따라서 작가는 어떻게 해서라도 독자의 요구를 만족시켜야만 한다는 또 다른 필요성에 직면하게 된다. 사르트르가 이와 같은 필요성을 해소하기 위해 수립하는 방책이 곧 살펴보게 될 호소, 증여, 관용 등과 같은 개념들로 보인다. 실제로 사르트르의 참여문학론을 지탱하는 두 개의 커다란 축 가운데 하나인 '타자를 위한 예술' – 여기서는 '독자를 위한 문학' – 은 바로 이와 같은 개념들 위에 세워져 있는 것으로 보인다.

글쓰기와 호소

앞에서 살펴본 대로 독자의 불만은 자신의 읽기 행위를 통해 작가에 의해 창조된 작품의 의의를 어쩔 수 없이 100% 퍼내야만 하는 상황에 처한다는 사실, 즉 작가는 항상 독자의 읽기 행위를 인도한다는 사실, 그 결과 이들 사이에 위계적 관계, 곧 불평등 관계가 정립된다는 사실에서 기인한 것이다. 하지만 독자는 결코 이 결과에 만족할 수 없을 것이다. 또한 독자가 이런 불만을 가지고 있다면 작가는 항상 불안할 수밖에 없다. 왜냐하면 독자는 언제든지 자신의 자유를 행사하여 작가가 원하는 글쓰기를 통한 구원의 메커니즘에 참여하는 것을 거절 – 독자가 작가의 작품을 읽는 것 자체를 거절하는 것이다 – 할 수 있기 때문이다. 이 문제를 해결하기 위해 사르트르는 새로운 개념을 도입하고 있다. '호소'의 개념이 그것이다.

창조는 오직 읽기를 통해서만 완성될 수 있기 때문에, 예술가는 자기가 시작한 것을 완결시키는 수고를 남에게 맡기기 때문에, 그리고 그는 오직 독자의 의식을 통해서만 자기가 제 작품에 대해 본질적이라고 생각할 수 있기 때문에, 모든 문학 작품은 호소이다.(SII: p.68)

사르트르는 호소를 '누군가가 누군가에게 무엇인가를 무엇인가의 이름으로 행하는 요청(demande)'(CPM: p.285)으로 규정한다. 글쓰기에서 호소하는 자는 작가이고, 호소를 받는 자는 독자이다. 작가는 독자에게 그의 작품을 읽어줄 것을, 이 작품을 완성시키는 수고를 해줄 것을, 결국 그의 작품에 객체적인 면을 부여해줄 것을 요청하는 것이다. 그렇다면 무엇의 이름으로? 이 물음에 대한 답은 다음 구절에 통해 볼 수 있다.

호소는 제시된 하나의 과업, 다시 말해 호소하는 자가 호소를 받는 자에게 제시하는 과업으로부터 출발해서, 그리고 그가 이루기를 바라는 목적, 즉 여러 수단들을 상정하고 이 수단들을 이용하는 목적의 이름으로 이루어진다. 호소는 따라서 하나의 공동으로 이루어야 할 과업에 대한 호소이며, 이것은 주어진 협력이 아니라 공동의 과업을 통해 앞으로 이루어야 할 협력과 관계된다.(CPM: p.285)

이 부분에서 우리는 누군가가 누군가에게 호소를 하는 경우 이것은 그들이 공동으로 이루어야 할 하나의 목표의 이름으로 호소를 한다는 것을 알 수 있다. 사르트르의 참여문학론의 경우 작가와 독자에게 적용되는 공동의 목표는 다름 아닌 작가에 의해 시작된 창조를 독자의 협력을 얻어 완성하는 것이다. 따라서 작가가 독자에게 하는 호소는 결국 작가 자신의 문학을 통한 구원, 곧 자기 존재의 정당화를 이루기 위해 이 정당화에 필수불가결한 요소로 등장하는 독자, 곧 읽기 행위의 주체의 잉여존재를 정당화시킨다는 이름으로 행해지는 것이다. 물론 작가의 호소가 독자에 의해 받아들여질 경우 나타나는 현상은 작가에 의해 시작된 창조의 완성, 곧 '작품'의 탄생이고, 또한 그 결과 나타나는 이들 각자의 '대자-즉자'의 결합의 실현, 곧 이들 각자의 구원이다.

독자의 자유에 대한 호소

그런데 호소는 자유에 대해서만 이루어질 수 있다는 것이 사르트르의 주장이다. 다시 말해 작가는 독자의 '수동성(passivité)'에 호소할 수 없다는 것이다. 그렇다면 작가의 호소를 받는 독자는 항상 자유의 상태에 있어야 한다. 따라서 독자에게 호소하기 위하여 작가는 무엇보다도 먼저 독자의 자유를 인정해야 한다. 그런 연후에라야 비로소 작가는 이 독자에게 그의 글쓰기를 통한 구원의 메커니즘에 참여해줄 것을 요청할 수 있을 뿐이다.

내가 독자에게 호소하여 내가 시작한 일을 완성시켜 주기를 요청한다면, 내가 독자를 순수한 자유로서, 순수한 창조력으로서, 무조건적인 행위로서 생각한다는 것은 당연한 이야기이다. 따라서 나는 어떠한 경우에도 그의 수동성에 호소할 수는 없다. 다시 말해서 그에게 '작용하여' 공포, 욕망, 분노와 같은 강한 감정을 단번에 전달하려고 시도할 수는 없다.(SII: p.71)

이제 사르트르는 새로운 개념인 호소를 고려하여 글쓰기 행위를 다음과 같이 정의하고 있다. "쓴다는 것은 내가 언어라는 수단으로 기도한 드러냄을 객체적 존재로 만들어주도록 독자에게 호소하는 것이다."(SII: p.68)

그러나 사르트르의 존재론적 시각으로 볼 때 '나'와 '타자'의 자유의 합일은 실현 불가능하다는 점에 주목하자. 즉, 내가 타자의 자유를 인정하게 되면 나는 내 스스로를 객체로 여기게 되며, 그 반대도 마찬가지이다. 왜냐하면 나는 나의 자유를 통해서만 타자의 자유를 제한할 수 있을 뿐이며, 또한 내가 스스로 나의 자유를 포기하지 않고서는 타자의 자유를 인정할 수 없기 때문이다. 하지만 사르트르의 존재론에서 나와 타자는 어떠한 경우에도 각자의 주체성의 위치를 고수해야만 하는 입장에 있다. 그렇지 못한 삶은 진정하지 못한 삶이기 때문이다. 따라서 나와 타자는 서로가 서로의 시선을 통해서 상대를 바라봄으로써 객체화시키려고 노력하게 되며, 이와 같은 노력

은 결국 '갈등(conflit)'으로 귀착된다는 것이 사르트르의 생각이다.18)

다만 사르트르가 기술하고 있는 나와 타자 사이에 맺어지는 여러 관계들 가운데, 내가 타자 앞에서 나의 자유를 먼저 스스로 부정하면서 그의 자유를 인정하는 것은 마조히즘(masochisme)의 관계에서만 볼 수 있다. 그러나 '타자 앞에서 내가 내 스스로를 객체로 삼는다는 것은 수치심과 죄책감을 느끼지 않고서는 불가능하다'는 것이 사르트르의 견해이다. 왜냐하면 나는 언제, 어떤 상황에서도 자유를 행사할 수 있는 권리를 가지고 있으며, 따라서 이 자유에 대한 포기는 곧 내가 나의 삶에 대해 진정하지 못한 태도를 취한다는 것과 동의어이기 때문이다.

그런데 작가는 독자 앞에서 바로 이와 같은 마조히즘적 태도를 취하고 있다. 왜냐하면 작가는 문학 창작에서 그 자신의 존재 근거를 획득할 목적으로 독자의 자유를 인정하면서 자신의 자유를 먼저 포기하고 있기 때문이다. 즉, 독자의 시선하에 자기 자신-물론 이것은 작품의 형태를 하고 있는 그 자신이라는 것을 잊지 말자-을 과감히 드러내고(s'exposer) 있는 것이다. 게다가 작가는 더욱 더 과감하게 이런 노출을 감행하려할 것이다. 왜냐하면 작가 자신을 바라보는 독자의 존재론적 힘이 강하면 강할수록-작가와의 관계에서 강한 존재론적 힘을 가진 대표적인 사람은 다름 아닌 권위 있는 비평가나 교수이다-, 또한 그 독자들의 수가 많으면 많을수록-베스트셀

러의 경우가 여기에 해당한다고 할 수 있다― 그의 존재 근거는 비례해서 더욱 더 확고해질 것이기 때문이다. 바로 이런 의미에서 작가가 독자 앞에서 취하는 '노출주의적(exhibitionniste)' 태도를 이해할 수 있는 것이다.

게다가 "자연미가 우리 인간의 자유에 '호소한다'는 것은 결코 있을 수 없다"(SII: p.76)는 것이 사르트르의 주장이다. 다시 말해 자연미와 예술미는 결코 비교될 수 없다는 것이다. 이것은 호소를 하는 주체가 항상 인간이라는 것을 의미한다. 또한 그 누군가에게 무엇인가를 호소하려면 호소의 주체는 당연히 그 자신도 자유여야 한다. 그렇지 않으면 호소 자체가 이루어질 수가 없다. 이에 걸맞게도 사르트르는 호소를 '상황 속에 있는 한 개인의 자유에 의한 상황 속에 있는 한 개인의 자유의 인정'(CPM: p.285)이라고 규정하고 있다.

글쓰기: 자유의 상호적 인정

바로 여기에서 중요한 문제가 제기된다. 작가는 어떻게 자신의 자유를 유지하면서 독자의 자유에 호소할 수 있는가의 문제가 그것이다. 이 문제는 또한 이렇게 제기될 수도 있다. 사르트르는 과연 나와 타자 사이의 자유에 대한 상호 인정을 토대로 한 의사소통의 가능성을 제시함으로써 『존재와 무』에서는 불가능하다고 여겨졌던 나와 타자 사이에서 발생하는 존재론적 갈등을 극복할 수 있는 가능성을 제시하고 있는가?[19]

이 문제에 답을 하기 위해서 다시 한 번 작가의 작품이 두 가지 면모를 가지고 있다는 사실을 떠올리자. 이 작품은 작가 자신의 주체성의 발산임과 동시에 이것과는 완전히 다른 사물과도 같은 존재라는 사실이 그것이다. 따라서 독자와의 관계가 문제가 된다면 작가는 언제든지 자신의 자유를 간직하면서 독자에게 호소를 할 수 있는 길이 열려 있는 것이다. 작가가 자신의 '작품을 매개로 하여(par l'intermédiaire de l'oeuvre)' 독자의 자유에 호소하는 길이 그것이다. 왜냐하면 작가가 쓴 작품은 그 자신의 대자적 면모를 가지고 있고, 그것은 곧 즉자의 형태를 하고 있는 작가 자신이기 때문이다.

따라서 사르트르의 참여문학론에서 접하게 되는 이와 같은 작가와 독자와의 관계 정립은 『존재와 무』에서 기술되고 있는 대타존재에 관한 그의 존재론적 사유와 결코 모순되지 않는 것으로 보인다. 그러므로 사르트르가 보기에 작가는 독자 앞에서 먼저 아무런 거리낌 없이, 아무런 수치심이나 죄책감 없이 자신의 자유를 포기하는 마조히즘적 태도를 보여줄 수 있다. 왜냐하면 작가는 독자와의 관계에서 두 가지 면모를 가지고 있는 작가 자신의 '작품을 매개로 하여' 독자에게 호소를 하기 때문이다. 즉, 작가가 독자와 관계를 맺으면서 동원하는 작품은 작가 자신이기도 하지만 또한 하나의 사물과도 같은 즉자존재로서의 작품이기 때문이다. 요컨대 작가는 그 자신의 작품을 통해 독자의 자유에 호소하면서 자신의 작품이 갖는 두 가지 면모를 매우 교묘하게 이용하고 있는 것이다.

이렇게 해서 사르트르는 문학 창조에 참여하는 두 주체인 작가와 독자 사이의 자유의 상호 인정 문제를 아무런 문제없이 해결하고 있는 것으로 보인다. 우선 호소의 대상인 독자의 자유는 항상 인정되고 있다. 왜냐하면 작가가 먼저 독자의 자유를 인정하고 있기 때문이다. 그 다음으로 작가의 자유 역시 독자에 의해 인정되고 있다. 왜냐하면 독자가 작가에 의해 창조된 작품을 읽는다는 것은 이미 작가의 호소를 받아들였다는 것을 의미하기 때문이다. 게다가 작가는 독자에게 호소를 하면서, 즉 작가의 자유를 인정하면서 자유의 상태와 동시에 객체의 상태에 있다. 이것이 가능한 이유는 작가가 독자에게 호소를 할 때 자신의 '작품을 매개로' 하기 때문이다.[20]

　이 두 사실은 대단히 중요하다. 왜냐하면 사르트르는 작가에 의해 창조된 작품이 갖는 두 가지 면모를 이용하여 우리가 앞에서 제기한 문제를 절묘하게 해결하고 있기 때문이다. 그러니까 사르트르는 나와 타자 사이의 관계가 서로의 자유에 대한 상호 인정 위에 세워질 수 있다는 가능성을 긍정하고 있는 것으로 보인다. 다만 여기에는 한 가지 조건이 따른다. 작가가 독자에게 인정한 자유를 독자가 그대로 작가에게 돌려주어야 한다는 조건이 그것이다. 다시 말해 독자는 작가에 의해 창조된 작품의 의의를 이 작가가 거기에 쏟아 부은 자신의 의도와 100% 일치할 때까지 퍼내야 한다는 조건이 그것이다.

　사르트르는 또한 작가가 자신의 작품이 갖는 두 가지 면모를 이용하여 독자 앞에서 수치심과 죄책감을 전혀 느끼지 않으면서 먼저 자기 자신의 자유를 포기하는, 따라서 독자의 자유를 인정하는 메커니즘을 제시하고 있다. 작가가 자신의 대자적인 모습을 담고 있는 작품을 매개로 독자의 자유에 호소한다는 메커니즘이 바로 그것이다. 그렇기 때문에 작가는 독자 앞에서 그 자신의 자유를 포기하는 마조히즘적 태도를 취하더라도 수치심이나 죄책감을 느끼지 않게 되는 것이다.

명령으로서의 요구

사르트르에게서 호소는 누군가가 누군가에게 무엇인가의 이름으로 행해지는 요청(demande)이라는 사실을 떠올리자. 그런데 요청은 이제 작가가 독자의 자유에 호소하면서 그 자신이 시작한 창조에 협력해달라고 하는 '요구(exigence)'의 형태로 표현되고 있다.

그 반면에 책은 나의 자유에 봉사하는 것이 아니라 나의 자유를 요구한다. 사실 우리는 강요나 매혹적 탄원을 통해서 남의 자유에 호소할 수는 없다. 자유에 도달하는 방법은 하나뿐이다. 그것은 우선 자유를 인정하고, 그 다음으로 자유를 신뢰하며 마지막으로 자유의 이름으로, 다시 말해서 그것에 대한 신뢰의 이름으로 그 자유로부터 어떤 행위를 요구하는(exiger) 것이다. 따라서 책은 도구처럼 어떤 목적을 위한 수단이 아니라, 독자의 자유에 대해서 자신을 목적으

로 제시하는 것이다.(SII: p.69)

그런데 이 요구라는 개념 역시 작가와 독자의 결합 과정에서 중요한 역할을 하는 것으로 보인다. 사르트르는 이 요구라는 개념이 무조건적 명령이라고 할 수 있는 '정언적定言的 명령(impératif catégorique)'과 연관되어 있는 것으로 보고 있다. "분명 요구 속에는 자유로운 하나의 의식의 자유로운 또 다른 하나의 의식에 관한 의무와 관계된 정보가 들어 있다. 나는 타자에게 정언적 명령을 전달한다."(CPM: p.248) 따라서 작가는 독자에게 자신의 작품을 끝까지 완수할 것을 과업으로 제시하고 또 그렇게 함으로써 이 작품 자체를 '정언적 명령의 차원'에 위치시키는 것이다.

칸트는 작품이 먼저 사실로서 존재하고 그 후에 그것이 보인다고 생각한다. 그러나 작품은 사람이 그것을 '바라볼' 때에만 존재하고, 무엇보다도 그것은 먼저 순수한 호소이자 순수한 존재의 요구이다. 그것은 도구와 같이 그 존재가 분명하고 그 목적이 미결정 상태에 있는 것이 아니라, 우리가 수행해야 할 임무로서 나타나며 처음부터 정언적 명령의 차원에 위치한다.(SII: p.70)

이와 관련하여 다음과 같은 두 가지 사실을 지적하자. 하나는 사르트르에 있어서 요구의 '원초적 형태(forme orginelle)'가 바로 '명령(ordre)'이라는 점이다. 다른 하나는 이와 같은 명령 속에는 이 명령을 내리는 자와 받는 자 사이에 정립되는 자유의 '위계질서'가 내포되어 있다는 점이다.

요구의 원초적 형태는 명령이다. 다음과 같은 사실을 지적하도록 하자. 명령은 위협을 동반하는 요청(demande)과는 완전히 다른 것이다. 위협은 위협을 받는 존재를 먼저 객체로 구성한다. 반대로 명령은 자유들의 상호적 인정 위에 나타난다. 다만 이 인정은 위계적이다. 주인은 자기를 주인으로 인정하는 노예에게 이차적인 자유를 인정한다. 노예는 주인에게 절대적 자유를 인정한다.(CPM: pp.271-272)

작가와 독자의 위계질서

위의 인용문은 매우 중요하다. 왜냐하면 비록 사르트르가 독자의 불만족을 해소하기 위해 인간들 사이의 자유의 상호 인정으로 여겨지는 호소에서 출발했지만, 결국 여기서 작가와 독자의 자유 사이의 위계질서, 즉 독자의 자유에 대한 작가의 자유의 우위를 인정하고 있기 때문이다. 사르트르는 호소와 요구가 동일한 구조를 가지고 있다는 사실을 부정하지는 않는다. 그러나 작가가 독자에게 자신의 창조 행위에 가담해줄 것을 요구하는 경우, 이들 사이에 이루어지는 상호적인 자유의 인정은 궁극적으로는 위계질서가 선 불공평한 인정으로 귀착

되고 마는 것이다.

　이렇듯 작가는 독자들의 자유에 호소하기 위해 쓰고, 자신의 작품을 존립시켜 주기를 독자의 자유에 대해 요청한다. 그러나 작가의 요청은 그것으로 그치는 것이 아니다. 작가는 또한 그가 독자들에게 주었던 신뢰를 자신에게 되돌려 주기를 요청한다. 다시 말해서 독자들이 그의 창조적 자유를 인식하고, 동일한 성질의 호소를 통해서 이번에는 거꾸로 그의 자유를 환기시켜 주기를 요청하는 것이다. 사실 바로 이 점에서 읽기의 또 다른 변증법적 역설이 나타난다. 즉, 우리들 독자는 우리의 자유를 느끼면 느낄수록 더욱, 타인인 작가의 자유를 인식하게 된다. 마찬가지로 작가가 우리에게 요구하면 할수록 우리도 더 그에게 요구하는 것이다.(SII: p.75)

　우리는 이 부분에서 독자가 느끼는 불만족을 보게 된다. 독자의 읽기·창조는 작가에 의해 인도되기 때문에 작가가 창조한 작품의 의의를 이 작가의 의도와 일치할 때까지 퍼내야 하는 의무가 그것이다. 물론 작가는 독자에게 아무런 강요도 하지 않는다. 아니 강요를 할 수가 없다. 앞에서 요구의 본래적 형태인 명령은 '위협'과는 거리가 멀다는 점을 보았다. 사르트르는 또한 "독자를 굴복시키려는 모든 기도는 작가를 그의 작품 속에서 위협하는 것이다"(SII: p.90)라고 말하고 있다. 그럼에도 작가가 독자에게 먼저 인정해준 자유를 되돌려달라는 요구를 하는 한 이들의 관계는 항상 불평등해질 수밖에 없다.

물론 작가는 먼저 독자의 자유를 인정한다. 즉, 독자가 작가에 의해 창조된 작품을 읽고 안 읽고는 전적으로 그의 소관이라는 점을 인정한다는 것이다. 그러나 일단 독자가 작가에 의해 창조된 작품을 읽기 시작하면 독자는 작가에게 하나의 거절할 수 없는 의무를 진다. 이 의무가 바로 작가가 독자 자신에게 인정해준 자유를 반드시 그에게 되돌려주어야 하는 의무가 그것이다. 즉, 독자는 작가의 작품이 갖는 의의를 이 작가의 의도와 100% 일치할 때까지 캐내야 하는 전적인 책임을 지는 것이다. 이와 관련하여 사르트르는 이렇게 말하고 있다. "물론 독자에게는 책을 책상 위에 그냥 놓아둘 전적인 자유가 있다. 그러나 일단 책을 펴게 되면 그 책임을 져야 하는 것이다."(SII: p.71) 하지만 독자의 자유가 작가의 자유에 의해 이처럼 이차적이고 부차적인 것으로 전락하는 상황에서 이 독자가 이 작가의 요구를 거절할 가능성은 항상 열려 있다.

글쓰기: 증여 또는 관용

사르트르는 작가와의 관계에서 독자가 느끼는 이런 불만이 어떤 것인지를 정확히 알고 있다. 따라서 사르트르는 이제 작가의 편에서 독자를 달래기 위하여 또 다른 조치를 강구하게 된다. 그것이 바로 증여贈與와 관용寬容이다. 사르트르는 글쓰기 행위를 '순수한 제시(pure présentation) 또는 주네J. Genet의 표현을 빌어 '독자에 대한 작가의 예의'로 여기고 있다.(SII: p.72) 작가에 의해 창조된 작품이 이처럼 순수한 제시라고 하는 것은 곧 이 작품이 '증여'라는 것을 보여준다. 그러니까 작가는 독자에게 자신의 작품을 그냥 주는 것이다.

이에 설맞게노 사르트르는 창조 행위를 '증여의 의식(cérémonie du don)' 또는 '증여의 과정(processus du don)'으로 규정하고 있다. 그리고 세계를 드러내는 행위로서의 글쓰기, 증여와 관용으로 여겨지는 글쓰기를 모두 고려하여 사르트르는 다음과 같이 글쓰기를 다시 정의하고 있다.

> 따라서 쓴다는 것은 세계를 드러내는 동시에, 독자의 관용이 수행해야 할 과업으로서 세계를 제시하는 행위이다. 그것은 존재 전체에 '본질적인' 것으로서 인정받기 위해서 타자의 의식에 의존하는 것이다.(SII: pp.85-86)

그런데 한 가지 흥미로운 점은 사르트르가 보기에 '모든 창조는 필연적으로 수난受難(passion)'(SII: p.73)이라는 것이다. 왜냐하면 '창조'는 '증여'이며, 이 '증여'는 '희생에 의해 어떤 초월적인 효과를 얻기 위해 스스로를 수동성의 상태에 위치시키는 자유'(SII: p.73)를 가정하기 때문이다.

이처럼 결국 모든 창조는 증여이며, 증여 행위 없이는 존재할 수가 없다. '보게끔 주는 것(Donner à voir)', 이것은 너무 자명하다. 나는 이 세계를 보게끔 준다. 나는 이 세계를 바라보게끔 하기 위해 존재하게 한다. 그리고 이러한 행위 속에서 나는 수난으로써 나를 상실한다.(CPM: p.137)

작가가 독자 앞에서 취하는 이와 같은 수동적 자세는 그대로 마조히스트의 그것에 해당한다. 그럼에도 작가는 전혀 수치감이나 죄책감을 느끼지 않는다. 왜냐하면 앞에서 보았듯이, 작가는 독자의 자유를 자신의 작품 - 대자적 면모와 즉자적 면모를 모두 가지고 있는 작품 - 을 가지고 인정하기 때문이다. 그뿐만이 아니다. 작가가 이처럼 독자 앞에서 수동적 위치에 있다고 할지라도 작가는 독자에 대한 존재론적 우위를 절대로 잃지 않는다. 이와는 달리 작가는 항상 '거만하며(orgueilleux)', 독자의 자유를 항상 이차적인 것으로 만들어버린다. 왜 그럴까? 그 답은 다음의 두 가지 사실에서 찾을 수 있다. 첫 번째 사실은 호소는 관용이며, 모든 호소는 증여를 포함하고 있다는 것이다.

그러나 호소라는 것은 하나의 기도企圖가 하나의 외부를 가지고 있다는 사실, 다시 말해 이 기도는 타자들을 위해 존재한다는 사실에 대한 인정이다. 또한 호소의 본래 의미는 '헌신'이다. 다시 말해 나는 나의 기도를 타자에게 바친다. 나는 나의 기도를 타자의 자유에 자유롭게 드러낸다. (중략)

이런 의미에서 호소는 '관용'이며, 모든 호소에는 증여가 포
함되어 있다.(CPM: p.293)

두 번째 사실은 이처럼 호소와 동일한 것으로 여겨지는 증
여와 관용21)이 사르트르에게서 '파괴(destruction)'와 관련되어
있다는 점이다. 사르트르는 이 사실을 '포틀래치Potlach'를 통
해 설명하고 있다. 포틀래치는 미국의 서북해안 지방에 살았
던 인디언들 사이에서 행해졌던 것으로, 막대한 양의 증여물
을 분배했던 의식이다.

이상以上의 고찰을 통해 보통 환원 불가능한 것으로 여
겨지는 어떤 종류의 감정 또는 태도, 예를 들면 '관용' 등이
지니는 의미를 더 잘 이해할 수 있다. 사실 증여는 하나의
원초적인 파괴 형식이다. 주지의 사실이지만, 예를 들면 포
틀래치는 막대한 물품의 파괴를 수반한다. 이와 같은 파괴
는 타자에 대한 도전이며, 타자를 속박한다. (중략) 포틀래
치는 파괴이며 또 타인에 대한 속박이다. 나는 대상물을 소
멸시키는 경우와 꼭 마찬가지로 그 대상물을 증여함으로써
파괴한다.(EN:II: p.427)

파괴의 의미

증여와 관용과 같은 의미를 가진 것으로 여겨지는 호소를

제대로 이해하려면 이번에는 '파괴'의 의미를 이해해야 한다. 파괴한다는 것은 무엇을 의미하는가? 사르트르는 파괴 행위 역시 창조에 속한다고 보고 있다. 즉, 파괴는 '역방향'으로 이루어지는 '창조'라는 것이다. 보통의 창조는 이 세계에 무엇인가를 존재하게끔 하나, 이에 반해 파괴는 이미 존재하는 것을 없애는 창조라는 뜻이다. 그러니까 파괴는 '함'의 범주에 속한다는 것이 사르트르의 견해이다.

그런데 사르트르에게서 함의 범주는 가짐의 범주에로 환원된다. 따라서 파괴 행위 역시 가짐의 범주에로 환원된다. 또한 가짐의 범주는 있음의 범주에로 환원되므로, 파괴 행위의 주체는 그가 파괴하는 것과 새로운 유대 관계를 맺으면서 존재하게 된다. 따라서 파괴 행위로 인해 타격을 받는 것은 파괴되는 대상에만 국한되지 않는다. 왜냐하면 파괴 행위의 주체가 파괴하는 대상은 결국 이것을 소유했던 자, 즉 이것을 창조해낸 자의 대자적 면모 ― 왜냐하면 이것을 만들어낸 자는 거기에 자신의 모든 것을 쏟아 부었기 때문에 ― 에 다름 아니다. 따라서 사르트르가 '증여'를 '파괴'로 파악할 때, 이 증여에 의해 실제로 파괴되는 것은 결국 이 증여를 받는 타자의 주체성과 자유이다. 사르트르는 이것을 증여의 주체인 내가 타자를, 더욱 정확하게는 타자의 자유를 '홀려(envoûter)' 그를 나에게 '굴복시키는 것(asservir)'으로 설명하고 있다.

증여 행위(donner)는 증여하는 대상을 소유하여 향유하는 것이며, 따라서 하나의 파괴적인 접촉이다. 그러나 이와 동시에 증여는 증여를 받는 상대방을 홀려 놓고 만다. (중략) 준다는 일은 굴종시키는 것이다. (중략) 그러므로 증여 행위는 이와 같은 파괴를 이용해서 타자를 자기에게 굴복시키는 일이며, 이 파괴에 의해서 타자의 자유를 자기 것으로 만드는 일이다.(EN:II: p.428)

사르트르는 이와 똑같은 현상이 관용, 즉 내가 타자에게 베푸는 아량에서도 그대로 나타난다고 보고 있다. 왜냐하면 관용의 밑바탕에는 증여의 행위가 깔려 있기 때문이다. 따라서 만약 내가 주는 것을 타자가 받는다면, 그는 나에 의해 객체로 포착되는 것을 피할 수가 없다. 다시 말해 나는 타자의 자유를 홀려 나에게 굴종屈從시키는 것이다. 이런 시각에서 볼 때 작가의 '글쓰기'가 '증여'이며 '관용'이라는 사실은 의미심장하다. 왜냐하면 이 사실은 작가가 독자에게 그의 작품을 줄 때 이 독자의 자유를 굴종시킨다는 의미를 내포하고 있기 때문이다. 하지만 독자가 자기 자신과 작가 사이에 맺어지는 이와 같은 관계에 절대로 만족하지 못할 것이라는 점은 분명하다.

사실 작가는 스스로 독자 앞에서 수동적인 입장을 취하지만 자신이 객체가 된다는 수치감이나 죄책감을 전혀 느끼지 않는다. 오히려 작가는 독자의 자유를 굴종시키는 자로 등장하게 된다. 즉, 작가는 독자 위에 군림하는 것이다. 이것은 작가의 '글쓰기를 통한 구원'이 이중으로 실패할 위험에 봉착해 있다는 것을 의미한다. 우선 작가의 증여에 의해 자신의 자유가 굴종된 상태에서 독자가 이 작가의 작품에 객체적, 즉자적 면모를 부여하는 것은 불가능하기 때문이다. 그 다음으로 독자는 자기의 자유가 굴종되는 이와 같은 불만족스러운 상태를 야기시키는 작가의 글쓰기의 결과인 작품이라는 증여와 관용을 항상 거부할 수 있기 때문이다. 이 단계에서 사르트르는 독자의 불만족을 해소하기 위해 읽기 행위를 독자의 '관용의 실천(une exercice de générosité)'(SII: p.74)으로 규정하고 있다.

그러니까 사르트르는 이제 읽기 행위를 관용 — 또는 증여 — 으로 규정하면서 독자에게 작가의 자유를 굴종시키는 기회를 부여하고 있는 것이다. 왜냐하면 앞에서 보았듯이, 관용은 파괴와 동의어이기 때문이다. 또한 작가는 언제든지 이와 같은 독자의 조치를 받아들일 태세가 되어 있다는 것이 사르트르의 견해이다. 그러나 이것은 피상적인 견해에 불과하다. 물론 독자가 자신의 관용 — 또는 증여 — 을 실천하면서 작가의 자유를 굴종시킬 수 있는 것은 사실이다. 그러나 이때 독자가 굴종시키는 작가의 자유는 단지 이 작가가 그의 작품에 쏟아 부은 대로의 자유일 뿐이다. 다시 말해 작품의 형태를 하고 있는 작가의 자유에 불과한 것이다.

이것은 다음과 같은 두 가지 사실을 의미한다. 우선 독자는 자신의 읽기·관용을 통해 간접적으로만 작가의 자유를 굴종시킬 수 있을 뿐이다. 그리고 그 결과 작가는 항상 독자에 의해 직접적으로 객체화되고 지배되는 것을 피할 수가 있다. 다시 말해 작가는 항상 도피처를 마련해 두고 있는 것이다. 그러나 이와 비례하여 독자의 불안은 더욱 더 커진다. 왜냐하면 독자는 읽기·관용의 실천을 위해 계속해서 자기 스스로를 희생시켜야 하기 때문이다. 증여나 관용이 희생을 전제로 하고 있는 '수난'을 내포하고 있다는 사실을 잊지 말자. 물론 이때 독자가 치러야 할 희생은 그 자신이 직접 작가의 작품이 갖는 의의를 100% 캐내야 하는 노력에 다름 아니다. 그리고 독자의 이 노력은 작가가 그의 작품에 부어 넣은 의도와 일치하는 의미를 끌어낼 때, 다시 말해 작품을 통해 독자와 작가의 주체성 또는 대자가 완전히 일치될 때 멈추게 될 것이다.

독자의 요구 수용

독자의 입장에서 보면, 결국 이와 같은 지적들은 독자가 작가의 글쓰기를 통한 구원의 메커니즘에 참여하는 것을 거절할 수 있는 가능성이 항상 남아 있다는 것을 보여준다. 이 단계에서 사르트르는 독자가 느끼는 불만족을 해소하기 위해 최후의 조치를 강구하고 있는데, 그것이 바로 작가의 글쓰기·창조에 있어서 독자의 요구권(droit de l'exigence)을 인정하고 수용하는 것이다. 비록 요구가 호소와 같은 구조, 즉 두 사람이 서로의 자유를 상호적으로 인정한다는 구조를 지니고 있지만, 요구는 결국 이들 자유 사이의 위계질서에 대한 인정으로 끝난다는 사실을 떠올리자. 다시 말해 요구하는 자의 자유가 일차적이

되고, 요구를 받는 자의 자유는 이차적이 된다. 또한 요구는 정언적 명령을 포함하고 있다는 사실도 떠올리자.

그런데 사르트르는 이번에는 이 요구의 권리를 독자에게 부여하고 있다. 즉, 독자는 작가에게 자신을 위해 글을 써달라고 요구를 한다는 것, 다시 말해 작가는 자신의 전적인 자유를 토대로 글쓰기를 하지만, 그의 글쓰기는 처음부터 독자들의 요구에 의해 제한되어 있다는 것이다.

> 그리하여 여기에 독자가 개입하게 되고, 그와 더불어 풍습과 세계관, 사회관, 그 사회 내의 문학에 대한 개념 등이 개입되는 것이다. 이를테면 독자 대중은 작가를 포위 공격한다. 그 위압적인 또는 음흉한 요구며, 그 거부, 그 도피 등이 작가가 발판으로 삼아 작품을 만들지 않으면 안 되는 '기존의 여건'이 되는 것이다.(SII: pp.108-109)

사르트르는 이처럼 "정신의 모든 작품들에는 그 자체 속에 이 작품들이 목표로 삼고 있는 독자의 모습을 포함하고 있다."(SII: p.100)고 보고 있다. 작가가 독자의 요구, 곧 독자가 원하는 바를 자신의 작품에 반영하는 것, 이것이 바로 참여문학론의 요체가 아니겠는가! 여기에 사르트르의 참여문학론의 커다란 두 축 가운데 하나인 '타자를 위한 예술' – '독자를 위한 문학' – 이 자리하게 된다. 그리고 사르트르는 「누구를 위해 쓰는가」라는 글에서 작가-독자의 관계를 중심으로 불문학

사를 다시 쓰고 있기도 하다.(SII: pp.117-214) 이를 통해 불문 학사상 명멸했던 수많은 작가들이 어떤 독자를 위해 자신들의 글쓰기·창조를 시도했는가를 고찰하고 있는 것이다.

작가와 독자의 관용의 계약

하지만 우리가 관심을 갖는 것은 독자가 이처럼 작가에게 자기를 위해 글을 써달라고 요구하고, 이 요구를 작가가 받아 들인다면 이들의 관계에 어떤 현상이 발생하는가를 알아보는 것이다. 첫 번째 현상은 지금까지 독자가 작가의 작품의 의미 를 캐내면서 겪었던 어려움을 이제 전혀 겪을 필요가 없게 되 는 것이다. 그 이유는 간단하다. 왜냐하면 결국 독자는 작가의 작품 속에서 자기 자신의 모습 또는 그 자신이 속한 계급의 모습 등을 발견하게 되기 때문이다. 이렇게 되면 독자에게 있 어서 그가 작가에 의해 창조된 작품에 객체적 면모를 부여하 는 작업이 훨씬 용이해질 것이다.

두 번째 현상은 작가와의 관계에서 독자는 전혀 존재론적 으로 열등한 위치에 있지 않아도 되는 것이다. 독자는 이제 작 가의 문학 창작에 대한 협력, 이 작가의 호소, 그의 요구, 그의 증여와 관용에 기꺼이 응할 준비가 되어 있다. 왜냐하면 독자 는 그 어떤 경우에도 작가와 완전히 동등한 입장에 있기 때문, 즉 독자도 작가의 글쓰기에 관여하고, 그에게 자기를 위해 무 엇인가를 써달라고 요구할 수 있는 권리를 가지고 있기 때문이다. 이렇게 해서 작가와 독자는 이제 서로 도우며 각자의 주체성 발산을 통해 하나의 작품을 탄생시키게 되는 것이다. 사르트르는 이런 의미에서 읽기를 작가와 독자 사이에 맺어지는 '관용의 협약'으로 규정하고 있다.

> 따라서 읽기란 작가와 독자 사이에서 맺어진 관용의 협약이다. 서로가 상대방을 신뢰하고, 상대방에게 기대하고, 자기 자신에게 요구하는 만큼 상대방에게도 요구한다. 이 신뢰 그 자체가 관용이다. 왜냐하면 그 누구도 작가로 하여금 독자가 자기의 자유를 행사할 것이라 믿도록 강요할 수 없고, 또 독자로 하여금 작가가 자기의 자유를 행사했다고 믿도록 강요할 수도 없기 때문이다. 이 신뢰는 양자兩者가 다같이 취한 자유로운 결단에서 나오는 것이다. 이리하여 변증법적인 왕래가 양자 사이에 성립된다. 내가 읽을 때 나는 요구한다. 이 요구가 충족되면, 내가 그때 읽고 있는 책은 작가로부터 더 많이 요구하도록 나에게 촉구한다. 뒤집어 말하면, 나 자신으로부터 더 많이 요구하라고 작가에게 요구하도록 만든다. 또한 역으로 작가가 요구하는 것도 내가 나의 요구를 최고도로 높이는 것이다. 이리하여 나의 자유는 자신을 나타내면서 타자의 자유를 드러내 보이는 것이다.(SII: p.80)

만약 작가가 독자와 협력하여 아무런 문제없이 자신들이 원하는 목표를 실현한다면, 이들은 둘 다 공히 '대자-즉자'의 결합, 곧 구원을 맛보게 될 것이다. 최소한 사르트르의 참여문학론의 틀 안에서는 그렇다. 사르트르는 바로 이 순간을 작가에 의해 시작된 문학 창작이 완성되는 순간으로 보고 있다. 그리고 이 순간이 실현되었다는 징후로 독자에게는 '미적 희열(joie d'esthé tique)'이 나타나고, 작가에게는 '안정감(sentiment de sécurité)'이 나타난다고 말하고 있다.(SII: pp.83-84)

그리고 사르트르는 이 순간을 '미학과 도덕'이 결합되는 순간으로 보기도 한다. 왜냐하면 작가와 독자의 결합의 기저에는 이들의 자유의 상호 인정이라는 윤리적 요소가 자리 잡고 있기 때문이다.

> 문학과 도덕은 전혀 다른 것이지만, 그 미적美的 요청의 밑바닥에 도덕적 요청이 깔려 있는 것을 우리는 알 수 있다. 왜냐하면 글을 쓰는 사람은 글을 쓴다는 그 사실 자체로 말미암아 독자의 자유를 인정하고, 또한 글을 읽는 사람은 책을 펼친다는 그 단 한 가지 사실로 말미암아 작가의 자유를 인정하는 것인 이상, 예술 작품은 어떤 면에서 보든 간에 인간의 자유에 대한 신뢰의 행위이기 때문이다. 그리고 독자도 작가도 오직 자유가 현시顯示되기를 요청하기 위해서만 자유를 인정하는 것이기 때문에, 작품이란 인간의 자유의 요청이라는 안목 하에서 세계를 상상적으로 제시하는 것이라고 정의할 수 있다.(SII: pp.88-89)

작가의 사후

우리는 지금까지 작가가 살아 있는 경우를 상정하고 논의를 진행시켜 왔다. 과연 이와 같은 논의의 결과들이 세상을 떠난 작가에게도 그대로 적용될 것인가? 다시 말해 세상을 떠난 작가도 과연 창조를 통하여 '대자-즉자'의 결합을 실현하면서, 자신의 창조물과 관련지어 본질적이 될 수 있을까? 만약 이 질문에 대한 답이 긍정적이라면, 우리는 문학을 통한 구원이라는 문제를 작가 사후까지 연장시켜 논의할 수 있다는 점에서 이 질문은 중요하다. 특히 인간은 죽는 순간부터 대자존재이기를 멈추고 즉자존재가 된다는 사실을 떠올리자. 따라서 만약 위의 질문에 대한 답이 긍정적이라면, 우리는 작가의 대자존재가 부재하는 상황에서도 그의 '대자-즉자'의 결합이 실현된다는, 얼핏 보면 모순되는 결론에 이르고 마는 것이다. 그럼에도 사르트르는 위의 질문에 대해 긍정적으로 답을 하고 있는 것으로 보인다. 다만 여기에는 한 가지 조건이 따른다. 작가가 살아 있는 경우와 마찬가지로 작가의 사후에도 그가 남긴 작품에 독자의 읽기 행위가 더해져야 한다는 조건이 그것이다. 세상을 떠난 작가의 작품에 대해 독자의 읽기 행위가 더해질 때 발생하는 현상에 주목해보자.

작가가 남기고 떠난 작품은 독자의 읽기 행위가 거기에 더해지지 않는다면 그저 단순한 하나의 즉자존재에 불과할 뿐이다. 사르트르의 표현에 의하면 이 작품은 그저 '곰팡이 핀 종이 위의 잉크 자국'일 따름이다. 그런데도 사르트르는 독자의 읽기 행위가 이 작품에 더해지면 작가의 '대자-즉자'의 결합이 실현된다고 보고 있다. 왜 그럴까? 여기서도 역시 중요한 항목은 작가에 의해 창조된 작품이다. 이 작품이 두 가지 면모, 즉 작가 자신의 자유와 주체성, 곧 그의 대자적 면모와 그와는 아무런 관계가 없는 존재, 곧 즉자적 면모를 동시에 지니고 있다는 사실을 떠올리자. 그런데 독자가 그의 주체성을 작품에 불어넣을 때 죽은 작가는 독자의 주체성을 빌어 다시 소생한다는 것이 사르트르의 생각이다. 우리는 사르트르의 이러한 생각을 『말』에서 따온 다음 구절을 통해서 확인할 수 있다.

그러다가 1955년경이 되면 유충이 딱 쪼개져서 이절판의 나비 스물다섯 마리가 태어나리라. 이 나비들은 페이지를 날개 삼아 날며 국립도서관의 서가에 가서 앉으리라. 이 나비들은 다른 나다. 나 자신이란 말이다. 스물다섯 권, 본문 만 팔천 페이지, 판화 삼백 매. 그리고 그 가운데에는 저자인 나의 사진도 끼어 있다. 내 뼈는 가죽과 딱딱한 표지로 되어 있고, 양피지가 된 내 살에서는 아교 냄새와 곰팡이 냄새가 난다. 60킬로의 종이에 걸쳐서 나는 흐뭇하게 어깨를 편다. 나는 다시 태어나고 마침내 완전한 인간이 된다. (중략) 사람들이 나를 들고 연다. 나를 책상 위에 펼쳐 놓고 손바닥으로 쓰다듬고 또 때로는 파닥거리게 한다.(M: pp.175-176)

이처럼 작품으로 존재하는 작가의 주체성, 사상, 표지, 의식, 자유, 혼 등 그의 모든 것을 소생시킨다는 의미에서 사르트르는 세상을 떠난 작가의 작품을 독자가 읽는 행위를 '죽은 자들이 다시 살아날 수 있도록 제 육체를 빌려주는 것', '통령通靈' 또는 '저승과의 접촉'으로 규정하고 있다.(SII: p.39) 따라서, 세상을 떠난 작가는 실질적으로 대자존재로서의 지위를 상실했지만, 그가 남긴 작품을 통해 그의 '대자-즉자'의 결합의 실현에 필요한 대자의 항목을 마련하게 되는 것이다. 그리고 작가가 살아 있을 때와 마찬가지로 이 결합에 필요한 즉자의 항목은 독자의 읽기 행위를 통해 이 작가의 작품에 부여되는 객체적 면모를 통해 확보되는 것이다.

작가는 이처럼 자신이 창조한 작품을 통해 살아 있을 때와 마찬가지로 세상을 떠난 후에도 독자의 도움을 받아 '대자-즉자'의 결합 상태를 실현함으로써 이른바 영생을 누리게 된다. 다만 작가가 세상을 떠난 경우에는 그가 살아 있을 때와는 달리 한 가지 뚜렷한 차이가 있다. 작가가 세상을 떠난 경우에는 독자의 요구를 받아들인다는 것 자체가 불가능하다는 점이 그것이다. 다시 말해 독자가 작가에게 독자 자신을 위해 글쓰기를 해달라고 요구하는 권리를 행사할 수 있는 가능성이 처음부터 막혀 있다는 것이다. 독자의 입장에서 볼 때 이 사실은 매우 중요하다. 왜냐하면 독자가 세상을 떠난 작가의 작품을 읽는 경우 그는 항상 그 작가에 비해 존재론적으로 열등한 위치에 있을 수밖에 없기 때문이다. 즉, 독자는 작가의 작품의 의의를 100% 퍼낼 때까지 최선을 다해야 하는 의무를 지고 있는 것이다. 과연 이때 독자는 작가의 작품을 읽으면서 얻게 되는 지혜, 교훈, 정열, 감동, 아름다움, 논리의 질서 등에 만족할 수 있을 것인가? 아니면 아무런 미련 없이 작가의 작품으로부터 눈을 돌려버리면서 산 사람이 죽은 사람에 대해 가지는 우월성만을 누리게 될 것인가?

앞으로의 연구를 위하여

　지금까지 『문학이란 무엇인가』에 실려 있는 네 개의 글 가운데 특히 「왜 쓰는가」와 「누구를 위해 쓰는가」라는 두 개의 글에 초점을 맞추고 사르트르가 주창했던 이른바 참여문학론의 이론적 근거를 살펴보았다. 이 과정에서 이 문학론이 독자에 의한 문학과 독자를 위한 문학―더 넓게는 타자에 의한 예술과 타자를 위한 예술―이라고 하는 커다란 두 축 위에 정립되어 있다는 사실을 볼 수 있었다. 특히 독자에 의한 문학이라는 축은 사르트르가 로캉탱의 경험에 입각해서 제시하고 있는 문학을 통한 구원의 추구에 필수불가결한 축이라는 사실을 확인할 수 있었다. 그리고 독자를 위한 문학이라고 하는 축은 문학을 통한 구원을 추구하는 작가의 입장에서 필수적 존재인 독자가 작가의 기도企圖에 참여하고 협력하는 과정에서 그에게 발생하는 불만족을 충족시켜 주기 위해 사르트르가 어쩔 수 없이 마련한 전략적인 축에 불과하다는 사실을 또한 확인할 수 있었다. 이제 우리는 이 책의 서두에서 제기했던 하나의 질문, 즉 "왜 작가의 글쓰기는 반드시 '다른 사람들에게로' 향해야만 하는가?"라는 문제에 대한 답을 제시할 수 있다.

사르트르는 「왜 쓰는가」에서 작가는 "자기 자신을 위해 쓴다는 것은 사실이 아니다."(SII: p.63)라고 말하고 있다. 그런데 우리는 작가가 "자기 자신을 위해 쓴다는 것은 사실이 아니다."라고 한 사르트르의 말이 오히려 사실이 아니라고 말해야만 할 것이다. 사르트르가 주장하고 있는 작가의 글쓰기는 철저히 작가의 자기 구원에 그 일차적인 목적이 있다는 것이 우리의 판단이다. 그리고 이른바 참여문학론의 핵심을 이루는 타자를 위한 문학은 자기 구원의 메커니즘에 문제가 생겼을 때 이 문제를 해결하고, 따라서 그 메커니즘을 보충하는 이차적이고도 보조적인 문학론이라는 것 역시 우리의 판단이다. 결국 독자를 위한 문학의 축은 독자에 의한 문학의 축, 그러니까 글쓰기를 통한 구원의 축에 종속되는 입장에 있다는 것이 우리의 최종적인 판단이다.

물론 사르트르는 『말』에서 위와 같은 문학을 통한 구원의 가능성, 즉 자신의 구원과 다른 사람들의 구원의 가능성을 모두 부정하고 있다.

나의 유일한 문제는 적수공권赤手空拳 무일푼의 노력과 신념으로 나를 구하려는 것뿐이다. 이번에는 나의 순수한 선택이 나를 그 어느 누구의 위로도 끌어올리지 않았다. 나는 장비도 연장도 없이 나 자신을 구하기 위하여 전심전력을 기울여 일을 시작했다. 만약 내가 그 불가능한 '구원'을 장신구 상점에라도 진열해 놓는다면 대체 무엇이 남겠는가?(M: p.229)

이처럼 사르트르는 『말』에서 처절하고도 비장하게 문학의 무력함을 토로하고 있다. 그럼에도 사르트르는 계속해서 작품을 쓰겠다는 것을 포기하지 않고 있다. 또한 절망하지도 않고 있다. 그렇다면 역설적으로 사르트르에게 있어서 문학이란 무엇인가? 또 문학이란 무엇을 할 수 있는가? 지금까지 우리가 살펴본 사르트르의 참여문학론이 가지는 의의는 역설적으로 또 다시 문학이란 무엇인가를 묻는 또 하나의 계기, 그러나 좀 더 성숙한 입장에서 이 물음을 던지는 하나의 반성적 계기로 소용될 수 있다는 점에 있다고 할 수 있지 않을까?

지금까지의 논의에도 불구하고 이 책 역시 여러 점에서 한계를 안고 있다는 사실을 지적해야 할 것이다. 특히 이 책에서 다루지 않은 사르트르의 시와 산문의 구별, 그리고 문학이 갖는 참여적 기능과 관련된 사르트르의 문학관을 보다 깊이 천착하기 위해서는 「문학이란 무엇인가」 이후에 간행된 또 다른 문학이론에 관련된 그의 여러 글들과 저서들―가령 「검은 오르페」, 『지식인을 위한 변명』, 말라르메S. Mallarme론, 주네론, 플로베르G. Flaubert론 등 - 을 두루 살펴보아야 할 것이다. 그런 뒤에라야만 비로소 사르트르의 문학론에 대한 전체적인 윤곽을 그릴 수 있게 될 것이며, 이를 바탕으로 그의 문학론에 대한 정확한 이해와 비판을 시도할 수 있을 것이다. 우리는 여기서 이 조그마한 책이 앞으로 이루어질 그러한 작업에 조그마한 초석으로 작용했으면 하는 소망을 피력해 본다.

주

1) 『상황』 제2권에는 「『현대』지의 창간사*Présentation des Temps modernes*」「문학의 국유화*La nationalisation de la littérature*」라는 두 글과 「문학이란 무엇인가」라는 제목하에 「글을 쓴다는 것은 무엇인가*Qu'est-ce qu'écrire?*」「왜 쓰는가*Pourquoi écrire?*」「누구를 위해 쓰는가*Pour qui écrit-on?*」「1947년 작가의 상황*Situation de l'écrivain en 1947*」 등 네 개의 글이 실려 있다. 「문학이란 무엇인가」라는 제목하에 실린 네 개의 글은 별도로 『문학이란 무엇인가』라는 단행본으로 출간되기도 하였다.

2) 1964년 4월 18일자 「르 몽드Le Monde」지, "Jean-Paul Sartre s'explique sur *Les Mots*".(Jacqueline Piatier와의 인터뷰)

3) 정명환, 『문학을 찾아서』, 민음사, 1994.; 심정섭, "『문학이란 무엇인가』를 어떻게 읽을 것인가", 「현대비평과 이론」 제4권 1호, 한신문화사, 1994.; 박정자, 「언어의 사물성과 도구성」, 「참여문학의 미학적 고찰」(http://deer.sangmyung.ac.kr/~cjpark) 등을 참고할 것.

4) 장 폴 사르트르, 정명환 옮김, 『문학이란 무엇인가』, 세계문학전집9, 민음사, 1998.

5) 사르트르가 말하는 문학을 통한 구원은 종교, 특히 기독교적 의미를 갖는다고 할 수 있다. 일찍부터 문학을 '종교'로 여겼던 그는 『구토』에서 문학을 통한 작가의 구원 가능성을 상정하고 있다. 기독교에서 말하는 구원이란 신에 귀의한 인간이 이승에서는 마음의 평화를, 저승에서는 영생을 누리는 것으로 거칠게 요약할 수 있을 것이다. 물론 인간은 이와 같은 구원을 얻기 위해 반드시 신앙생활을 해야 한다.

그런데 사르트르가 문학을 통해 찾고 있는 구원 역시 외관상으로 보면 기독교에서 말하는 구원과 유사한 구조를 가지고 있는 것으로 보인다. 우선 작가는 자신의 구원을 위해 반드시 문학 작품을 창작해야 한다. 그리고 그는 자신의 작품을 통해서 이승에서는 영광을, 저승에서는 영생을 누린다는 것이다. 작가가 이승에서 누리는 영광은 그의 작품이 독자들에 의해 널리 읽히는 것이며, 또한 이를 통해 자신의 잉여 존재

89

를 정당화시키는 것이다. 또한 작가가 저승에서 누리는 영생은 그의 사후에 독자들이 읽어주는 그 자신의 작품을 통해 그가 소생하는 것을 의미한다.(이 두 과정에 대해서는 뒤에서 자세히 살펴보게 될 것이다.) 하지만 사르트르가 생각하는 '문학을 통한 구원'과 기독교에서 말하는 '구원'은 근본적으로 다른 것으로 보인다. 특히 작가가 자신의 작품을 통해 사후에 누리는 영생은 기독교에서와는 달리 절대적이지 못하다. 왜냐하면 작가의 영생은 이 지구상에 작가의 작품을 읽어줄 독자의 존재를 반드시 전제로 하기 때문이다. 다시 말해 만약 이 지구상에 작가의 작품을 읽어줄 독자가 존재하지 않는다면, 사르트르가 생각하는 작가의 구원은 이루어질 수 없을 것이기 때문이다. 사르트르 역시 문학을 통한 구원을 기독교에서 말하는 구원의 '대용물(ersatz)'로 보고 있다.

6) 사르트르의 첫 번째 장편소설 『구토』의 제목으로 사용된 이 '구토(nausée)'라는 개념은 인간이 이 세계와 관계를 맺으면서 이 세계에 존재하는 여러 사물 존재들의 외관 또는 그것들이 갖는 유용성 그 너머에 있는 그것들의 참모습을 보고 느끼는 일종의 형이상학적 이질감, 곧 부조리한 감정에 다름 아니다.

7) 지나가는 길에 사르트르의 참여문학론에 관계된 뿌리 깊은 한 가지 오해를 불식시키고자 한다. 참여적 성격이 강한 문학 작품이면 작품성이 떨어지는 작품이어도 상관이 없으며, 그런 작품 역시 커다란 가치를 가지고 있다는 오해가 그것이다. 그러나 사르트르는 「『현대』지의 창간사」에서 문학 작품은 어떤 경우에도 문학 작품임을 "망각해서는 안 된다"는 점, 그리고 사회적 참여는 그 이후의 문제라는 점을 분명하게 지적하고 있다. 그러나 사르트르는 「왜 쓰는가」에서는 내용의 문제 ─ 무엇을 쓰는가의 문제 ─ 를 이른바 문체의 문제 ─ 어떻게 쓰는가의 문제 ─ 보다 더 중요한 것으로 생각하고 있다. 물론 그렇다고 해서 사르트르가 문체의 문제를 아주 무시하는 것은 아니다.

8) 사르트르가 문학에 대한 질문으로 이 세 질문을 던진 것은 『문학이란 무엇인가』에서가 처음이 아니다. 그는 이미 1938년에 간행된 『구토』에서 그리고 1964년에 간행된 『말』에서도 이 세 질문을 던지고 있다.

9) 사르트르의 『문학이란 무엇인가』에 실려 있는 네 개의 글 가운데 특히 첫 번째 글인 「글을 쓴다는 것은 무엇인가」와 두 번째 글인 「왜 쓰는가」는 논리적으로 긴밀하게 연결되지 않는다는 것이 지금까지 사르트르 연구자들의 주된 견해였다.(Cf. 장 폴 사르트르, 정명환 옮김, 『문학이란 무엇인가』, 민음사, 1998, p.57 역주1과 pp.417~439의 해설을 볼 것.) 그러나 지금 여기서 제기된 의문, 곧 왜 작가의 글쓰기는 '다른 사람들에게로' 향해야만 하는가의 문제를 통해 접근할 경우 위의 두 글 사이에 있다고 여겨지는 논리적 연결의 부자연스러움은 부분적으로나마 해결될 수 있을 것으로 보인다.

10) 이에 대한 논의는 졸저, 『장 폴 사르트르 −시선과 타자』(살림 지식총서97, 살림, 2004.)를 참고할 것.

11) Cf. Lalande (André), *Vocabulaire technique et critique de la philosophie*, PUF, 1960, p.302.

12) 로마 숫자는 『존재와 무』의 번역본 제2권을 가리킴.

13) 여기서 문제가 되는 경우는 작가가 살아 있는 경우이다. 작가의 사후와 관련된 구원의 문제에 관해서는 이 책의 pp.81-84를 참고할 것.

14) 독자의 읽기 행위가 어떤 의미에서 창조, 더 정확하게는 재창조로 규정되는가에 관해서는 조금 뒤에서 살펴보게 될 것이다.

15) "Ecrire pour son époque", *Les Ecrits de Sartre*(M. Contat et M. Rybalka, Gallimard, 1970) p.673에 재수록.

16) 사르트르는 '의미(signification)'와 '의의(sens)'를 구별한다. 그에 따르면 한 작품의 '의미'는 이 작품에 들어 있는 단어들 하나하나의 부분적 차원에서 파악되는 반면, 이 작품의 '의의'는 이 작품 전체의 종합적 차원에서 파악되는 것으로 이해된다.

17) 사르트르의 이 주장은 분명 신비평에서 말하는 '의도의 오류(intentional fallacy)'와 밀접하게 연결되어 있다.

18) 졸저, 『장 폴 사르트르 −시선과 타자』를 참고할 것.

19) 이 문제는 대단히 중요하다. 그도 그럴 것이, 만약 이 문제에 대한 답이 긍정적이라면, 이 답은 그대로 사르트르가 『존재와 무』에서 기술하고 있는 대타존재에 관한 사유, 즉 나와 타자와의 관계는 서로의 시선을 통해 주체성의 위치를 선점하

려는 갈등과 투쟁의 관계라는 사유 전부를 뒤집을 수 있는
성노의 위력을 가지고 있기 때문이다. 이에 대해서는 졸서,『
장 폴 사르트르 −시선과 타자』, p.57 및 주6을 참고할 것.

20) 이 가능성에 대해서는 사르트르『문학이란 무엇인가』, p.89
    역주28; Bilemdjian (Sophie), *Premières leçons sur* L'Existentialisme
    est un humanisme *de Jean-Paul Sartre*, PUF, coll. Bibliothèque
    Major, 2000, pp.92-93 참고할 것.

21) 사르트르에게서 '증여'와 '관용'은 같은 것으로 여겨진다.

참고자료

Bilemdjian (Sophie), *Premières leçons sur* L'Existentialisme est un humanisme *de Jean-Paul Sartre,* PUF, coll. Bibliothèque Major, 2000.

Rybalka (M.) et Contat (M.), *Les Ecrits de Sartre,* Gallimard, 1970.

Sartre (Jean-Paul), *L'Etre et le Néant : Essai d'ontologie phénoménologique,* Gallimard, coll. Bibliothèque des Idées, 1943. (손우성 옮김, 『존재와 무』, 삼성출판사, 세계사상전집39-40, 1982.)

_____, *Situations, II,* Gallimard, 1948.

_____, *Qu'est-ce que la littérature?,* Gallimard, coll. Essais, 1948. (정명환 옮김, 『문학이란 무엇인가』, 민음사, 2002.)

_____, *La Nausée* in *Œuvres romanesques,* Gallimard, coll. Bibliothèque de la Pléiade, 1980. (김희영 옮김, 『구토』 외, 주우 세계문학48, 주우, 1982.)

_____, *Les Mots,* Gallimard, 1964. (김붕구·정명환 옮김, 『말』, 민예 프랑스문학, 민예사, 1994.)

_____, *Cahiers pour une morale,* Gallimard, coll. Bibliothèque des Idées, 1983.

박정자, 「언어의 사물성과 도구성」과 「참여문학의 미학적 고찰」 (http://deer.sangmyung.ac.kr/~cjpark)

변광배, 『장 폴 사르트르 -시선과 타자』, 살림지식총서 97, 살림, 2004.

심정섭, "『문학이란 무엇인가』를 어떻게 읽을 것인가", 「현대비평과 이론」 제4권 1호, 한신문화사, 1994.

정명환, 『문학을 찾아서』, 민음사, 1994.

한국사르트르학회편, 『사르트르와 20세기』, 현대의 지성105, 문학과지성사, 1999.

사르트르 **참여문학론**

| 펴낸날 | 초판 1쇄 2006년 7월 20일 |
| | 초판 2쇄 2012년 12월 27일 |

지은이	**변광배**
펴낸이	**심만수**
펴낸곳	(주)살림출판사
출판등록	1989년 11월 1일 제9-210호

경기도 파주시 문발동 522-1
전화 031)955-1350   팩스 031)955-1355
기획·편집 031)955-4662
http://www.sallimbooks.com
book@sallimbooks.com

ISBN 978-89-522-0539-1   04080

※ 값은 뒤표지에 있습니다.
※ 잘못 만들어진 책은 구입하신 서점에서 바꾸어 드립니다.